DECRETOS DOS 12 RAIOS

MANTRAS E RITUAIS DE CURA

Márcos Latàre e Valdiviáh Lâtare

DECRETOS DOS 12 RAIOS

MANTRAS E RITUAIS DE CURA

ALFABETO

© Publicado em 2022 pela Editora Alfabeto

Supervisão geral: Edmilson Duran
Revisão: Ana Prôa
Capa: Guilherme M. de Araújo
Diagramação: Décio Lopes

DADOS INTERNACIONAIS DE CATALOGAÇÃO NA PUBLICAÇÃO (CIP)
Angélica Ilacqua CRB-8/7057

Làtare, Márcos e Lâtare, Valdiviáh

Decretos dos 12 raios: mantras e rituais de cura / Márcos Làtare, Valdiviáh Lâtare. – São Paulo: Alfabeto, 2022.

ISBN 978-65-87905-41-9

1. Grande Fraternidade Branca 2. Espiritualidade I. Título II. Lâtare, Valdiviáh

22-5905   CDD 299.93

Índices para catálogo sistemático:
1. Grande Fraternidade Branca

Todos os direitos reservados, nenhuma parte desta publicação poderá ser reproduzida por qualquer meio ou forma sem a prévia autorização da Editora Alfabeto ou do autor, com exceção de resenhas literárias, que podem reproduzir algumas partes do livro, desde que citada a fonte.

A violação dos direitos autorais é crime estabelecido na Lei n. 9.610/98 e punido pelo artigo 184 do Código Penal.

EDITORA ALFABETO
Rua Protocolo, 394 | CEP 04254-030 | São Paulo/SP
Tel: (11)2351.4168 | E-mail: editorial@editoraalfabeto.com.br
Loja Virtual: www.editoraalfabeto.com.br

Agradecimentos

Ao Divino e Eterno Pai Criador, Senhor de todas as Potestades e Hierarquias nos Céus Superiores, pela emanação da Luz Eterna para todos nós.

A todos os Grandes Senhores Cocriadores, aos Mestres Ascensos, Arcanjos, Anjos, seres elementais e todo Espírito da Grande Irmandade Branca.

A todos os Irmãos das Estrelas, Cósmicos Interplanetários de todas as dimensões que auxiliam esta plataforma terrestre e a evolução em todos os níveis neste e em outros Universos.

A todos os servidores da Luz que estão a trabalho do processo de evolução consciencial individual neste planeta da atual existência humana.

A todos os discípulos da Crisostelar, Escola de Mistérios da Grande Fraternidade Branca.

A todos os que, de alguma forma, cooperaram para que este trabalho pudesse se concretizar.

Aos nossos amados leitores e simpatizantes com a Ordem, sem os quais este trabalho não teria nenhuma razão ou sentido.

A Peter e Birgite, com o melhor de nossas emoções e carinho a vocês. Somos encantados com a Luz e sutileza do trabalho artístico de Peter & Birgite Fich Christiansen e aqui expressamos nossa gratidão infinita por terem nos dado a oportunidade de utilizar um desses iluminados trabalhos, cujo título é *The Seven Arcangels from the Throne*, como capa deste livro.

Gratidão a todos.
Abraços fraternos na Luz de Deus que Nunca Falha.
Selah.

Márcos e Valdiviáh Lâtare

Almas irmãs e leitores poderão desfrutar dos maravilhosos trabalhos de Peter e Birgite Fich Christiansen no site: https://fichart.wixsite.com/inner-realms/

Sumário

Agradecimentos..5

Prólogo...9

Introdução..11

Capítulo I: O que é o Eu Sou..................................15

Capítulo II: O Verdadeiro Potencial dos Filhos de Deus..............19

Capítulo III: A Dispensação de Luz...........................23

Capítulo IV: O Fogo Sagrado, a Chama e a Espada..................29

Capítulo V: A Força de Poder do 3x3..........................35

Capítulo VI: Evite Erros na Hora de Decretar....................39

Capítulo VII: Ferramentas para Dar Força aos Decretos..............43

Capítulo VIII: Decretos e Invocações dos 12 Raios Divinos...........49

Capítulo IX: Decretos para Situações Específicas................177

Capítulo X: Mantras nas Cinco Línguas Sagradas..................185

Capítulo XI: Rituais e Decretos..............................199

Capítulo XII: Bônus – Iniciação Secreta da Grande Irmandade Branca....211

Glossário de Alguns Termos..................................219

Prólogo

Quando a doce voz da alma, mansa e pacífica, fala conosco como um pequeno sussurro, como um toque sutil e leve, permanecemos tranquilos como nas asas que se elevam levando nosso profundo amor ao Criador.

Temos essa aspiração ígnea que nos permite superar e vencer qualquer espécie de desânimo que surja em nossos passos ao longo do caminho evolutivo neste plano terrestre. Então, olhamos para tudo o que existe na Mãe Natureza e buscamos o exemplo maior no acolhimento das mensagens que nos são transmitidas, ensinando a receber em seu terno seio o alimento que nos sustenta. Guardamos em nosso coração esse calor que nos afaga de amor incondicional, para que, ao semear essas sementes, brotem na primavera que há de chegar – em que a vida se renova incessantemente, eclodindo aqui e acolá – a substância da Criação que surge para dar existência.

E quando nos atentamos, percebemos que a voz doce como mel continua a sussurrar com sua respiração o Fogo Sagrado, sua luz, seu pensamento, sua força como expressão de seu sentimento, e assim entendemos que no mistério está a linhagem existencial. Se não compreendemos isso, pode parecer apenas um traje, uma roupa de vestir, uma matéria perene que passa, mero capricho que se perde no ar.

Porém, essa tão meiga e doce voz sussurra este Fogo Sagrado. Respira como uma canção, como os sinos que badalam e trazem o embalo para o casulo do amor, de onde se abre sua linda flor para este plano terrestre. É nela que este planeta floresce em Luz.

Então, quando esta doce voz – a voz de nossas almas – está permeando a imagem criativa de nosso ser, a qual se reflete no espelho eterno deste peculiar e particular eixo infinito, fazendo o giro da eterna essência do ser, nos encontramos de novo em nossa origem primordial e somos luz, eternamente luz.

Nestas paragens em que nos encontramos, precisamos achar as respostas do nosso caminhar, da nossa missão, do nosso destino. Por isso, podemos contar com a mão dos Seres de Luz que estão aqui, não mais distantes do que um esticar de braços, para nos auxiliar e indicar a direção, oferecendo o que de melhor possuem: a Fraternidade Universal. Esta é a razão deste livro. Que possamos compreender, passo a passo, como andar nos vales verdejantes do eterno Éden.

Introdução

Após anos trabalhando a serviço da Luz Maior na Crisostelar – Escola de Mistérios Sagrados da Grande Irmandade Branca –, percebemos a necessidade de um aprendizado mais profundo dos seres humanos sobre os trabalhos que desejam ou realizam espiritualmente neste planeta, onde estejam ou mesmo dentro desta Ordem ou individualmente.

Muito ouvimos falar e muitas questões surgiram quanto à eficácia do verbo ou de invocações, orações, decretos e rituais. Certamente, devemos compreender, desde já, que não podemos apenas fazer sair de nossos lábios palavras, sem que haja uma diretriz para que elas produzam o resultado almejado. Como assim?

Vamos explicar buscando esclarecer questões e dúvidas que nos foram apresentadas, e deixar bem detalhado como podemos obter resultados com qualidade e agilidade em nossos pedidos, pleitos, rogos, orações, invocações, decretos, rituais e meditação.

Esta introdução é tão necessária quanto as explicações que serão desenvolvidas no transcorrer deste livro. Começamos com o que Deus disse em Gênesis (1:3): "Haja Luz e houve Luz. Este é o verbo, a palavra". Também está escrito em João (14:13): "E tudo o que pedirdes ao Pai em meu nome, vo-lo farei, para que o Pai seja glorificado no Filho". Na mesma passagem, Verso 14: "Qualquer coisa que me pedirdes em meu nome, vo-lo farei".

Então, começamos com isso: um pedido. Mas como podemos pedir algo, se não proferimos alguma palavra? Ou se a proferimos com dúvida e medo? Lógico que não podemos. Por isso, temos que falar, pedir, afirmar e decretar com determinação e fé.

Os decretos são palavras não silenciosas na mente, mas ditas pela expressão do falar, do verbo, e eles, com suas manifestações, produzem algo. Já que são poderosos, devem ser utilizados corretamente e em proveito não só de si, mas também de toda a humanidade. Um decreto é um ser vivente que nos socorre em momentos de crise, nos protege, nos envolve e nos provê abundantemente de tudo aquilo o que pedimos. Sua função é nos agradar a todo tempo e a isso se dedica. Um decreto não raciocina; portanto, é impossível que decretemos sem que isso se manifeste. Cedo ou tarde, chega. Cedo ou tarde, se manifesta.

Quando decretamos, colocamos em movimento todas as Leis do Universo que governam a provisão, e isso ocorre para precipitar imediatamente aquilo que é requerido por quem decreta. Se um decreto não se manifesta imediatamente, a causa do atraso é de quem decreta. Dúvida é um método infalível para assegurar que algo não se manifeste. Portanto, o decretante deve erradicar toda a dúvida que possa existir a respeito do que está decretando.

É curioso que, geralmente, os seres humanos decretam catástrofes, sem gerar qualquer dúvida de que possam ocorrer – *decretam com tanta força, que é óbvio que elas acabam se manifestando*. Mas, quando se trata de dizer que algo bom acontecerá, a dúvida de que isso ocorra é colocada em prática imediatamente, resultando, claro, que realmente não ocorra e dando margem a um (*já muito conhecido*) "Eu te disse".

Talvez você pense: "Mas como? Todas as coisas más ou boas são produtos de meus decretos? Não pode ser... Pois mais coisas ruins acontecem comigo, mais do que boas, e tudo o que eu quero é bom". Mestre Saint Germain, da Hierarquia da Era de Aquário, disse também sobre o poder da palavra e a força que possui: "O que decretais é o que se manifestará".

Os Mestres Ascensionados ensinam: "Vossos pensamentos são vossos destinos. Permite-nos dizer, com muitíssimo respeito e sem ânimo de colocar-vos em dúvida, que isso é assim. Substitua, troque seu padrão de pensamento e já verás como todas as coisas, todas as experiências, todos os momentos de tuas vidas mudarão, serão transformados". Talvez agora você diga: "E como faço?". Simples: observando tudo aquilo que diz ou faz sem julgamento e cancelando todo pensamento negativo que chegue. Cancelar, anular, é um processo tão simples como dizer "Te anulo", sabendo que já está feito.

Então, em um padrão repetido por anos e até por várias encarnações, a troca deve ser observada e modificada pelo decretante sem julgamento e em total silêncio. Todos os padrões negativos podem ser substituídos por seu oposto. Exemplo disso é substituir a tristeza pela alegria, a escassez pela abundância, etc. É impossível trocar medo por beleza, mas sim por valentia. E, falando em medo, este é o primeiro fantasma, se assim podemos dizer, que devemos eliminar. Quando vencemos o medo, temos a maior parte do caminho andado. "O medo é um inimigo que nos tira o poder da ação, mas é vencível" (Mestre Seraphis Bey).

Quando ocorre algum tormento local ou mundial, como doenças, pragas, pestes, propagação de vírus mortal e prenúncio de guerras e conflitos, ou familiar, como ameaças de morte, por exemplo, o primeiro sinal que surge é o medo. Inicialmente, há uma convulsão individual, que depois ganha força pela egrégora de *todos com medo*, e se transforma num gigante. É quando as pessoas se acanham, se diminuem e se esquecem cada vez mais e completamente de sua origem divina, de que são filhos do Altíssimo.

Podemos vencer esse sentimento maléfico com o seguinte decreto e afirmação constante: "Eu não tenho medo, eu tenho fé". Isso deve ser feito com energia e consciência do que se está afirmando.

Fé, simplesmente? Mas por que a fé? Porque é o conhecimento da própria força interior, e o conhecimento é coragem, valentia. O medo é todo o contrário.

Só nos curamos quando queremos nos curar, e não antes. Se você está lendo isto agora, neste instante, parabéns, porque resolveu se curar e elevar-se ante as situações que tem vivido até este momento. Em sua essência, você é um ser poderoso, espirituoso, amoroso, inteligente, ameno, agradável, harmonioso, pacífico, maravilhoso, luminoso, belo, perfeito e importante, porque é filho de Deus e, portanto, herdeiro de suas virtudes. Não deixe que qualquer pensamento lhe diga o contrário. Desperte agora essa essência. Já.

Observe seus pensamentos, porque o único modo de mantê-los sob controle é sabendo que eles estão ali – e a única maneira de saber que eles estão ali é observando-os.

Foi nos ensinado a pedir ajuda a Deus, rogar e implorar. Por sorte, com a chamada Nova Era, seus avatares e os amorosos Mestres Ascendidos nos recordam, vez ou outra, que o poder de Deus (Universo, Amada Presença

Eu Sou, Energia Universal Infinita, Grande Arquiteto do Universo ou como se deseje chamá-lo ou senti-lo no mais profundo do ser) está dentro de nós, que somos nós mesmos e que é nossa verdadeira essência. Portanto, como esperamos que nossas petições sejam ouvidas, se usamos um nível inferior de energias, rogando, pedindo ou inclusive mendigando a um poder que consideramos fora de nós mesmos?

Como bem disse Saint Germain: "As orações, as rezas desde a desesperação e a fraqueza não chegam a esferas tão altas". Nosso poder é o Poder Divino, portanto, *decretamos e ordenamos* o que para nosso mais alto bem solicitamos. Usando nosso poder na direção correta do bem e do amor divino, reconhecendo-o e sentindo-o, e enviando a ordem veementemente e com sentido amoroso e supremo, quase de imediato somos atendidos. E se não for assim, é porque algo em nosso intelecto nos faz crer na inferioridade, na insignificância de nossa essência, e esperamos ficar contentes apenas se Deus quiser – ou nos parece que esperamos ficar satisfeitos apenas se Deus quiser. Agimos como pacientes em uma sala de espera, aguardando que alguém saia pela porta do médico e ele pegue nosso pedido.

Então, preste atenção em como funcionam os decretos. Lembre-se sempre da presença da gratidão a tudo, inclusive nas orações e nos decretos, para ativar a força e o poder neles contidos. Passo a passo, a seguir, serão transmitidas a você todas as informações necessárias ao perfeito entendimento deste ensinamento, considerando que deva ocorrer a perfeita correlação entre o conhecimento apresentado e o trabalho que a cada um compete realizar de forma mais perfeita possível neste reino humano.

Sigamos às explicações pertinentes para a perfeita compreensão e realização deste maravilhoso Poder Divino que agora está sendo outorgado a você, colocado em suas mãos. Cabe a você recebê-lo.

Portanto, vamos prosseguir apesentando ensinamentos necessários para chegarmos ao entendimento maior, à profundidade dos conteúdos, passo a passo, numa corrente única de amor incondicional.

CAPÍTULO I

O que é o Eu Sou

Sabemos que a maioria dos seres sencientes não tem a perfeita compreensão do real e verdadeiro significado da expressão EU SOU. Dessa maneira, fazem uso, indiscriminadamente, deste poder do verbo de forma inapropriada e, consequentemente, atraem para si e para as pessoas de seu relacionamento mais próximo tudo aquilo que proferem de seus lábios, permitindo que determinadas forças atuem, por vezes negativamente.

Então, para que você possa ter pleno conhecimento do que vem a ser, vamos apresentar as orientações explicativas para solidificar na sua mente, caso ainda esteja sem este saber, ou aprofundar, se já tiver noção a respeito do assunto. Vejamos.

EU SOU é uma expressão criativa. A palavra inicial que produz criação e pela qual todas as coisas são manifestadas.

EU SOU é representado pela taça que derrama o poder para as atividades do mundo exterior.

O uso dessa expressão denota o ser individualizado. Essa afirmação realiza a energia que vem de Deus, nossa Divina Presença individualizada, que é sua fonte. É também a origem deste manancial de energia que recebemos todos os momentos, incessantemente, em nossas vidas.

Quando pronunciamos EU SOU, invocamos vida e tudo de bom que nela existe. Inclusive, se pensarmos ou pronunciarmos, chamamos vida.

Quando fazemos decretos, eles se realizam em nome do EU SOU (que EU SOU), a magna e suprema Energia Universal.

O mestre Saint Germain assegura que muitos estudantes *sentem* essa energia divina do ser que somos e transmitem seu real decreto à Grande Substância Universal. E então é dito e confirmado, sem mais acréscimos, obtendo resultados quase imediatos, já que o decretante em nenhum momento duvidou de seu próprio decreto.

Sentir-se EU SOU, reconhecer sua presença e existência em nós mesmos, é a base de todo decreto.

Dizer mentalmente EU SOU não é suficiente. Nem sequer tem poder, embora *fique gravado* em nosso subconsciente. EU SOU ajuda, em grande medida, a força de seu poder a entrar em nosso ser. Revela ser o equivalente a *afirmá-lo*, isto é, repetir esta afirmação para facilitar sua ativação. Meditar com o mantra EU SOU, EU SOU, EU SOU... é uma forma quase mágica de entrar em contato com nossa Divina Presença, porque EU SOU é Deus em ação em nós. E o EU SOU O QUE EU SOU é Deus manifestando-se por meio de nós.

Para aqueles cujo subconsciente duvida ou não deixa que este poder – nosso Poder Divino – se irradie, a afirmação será de grande ajuda. EU SOU, sentir sua Presença e decretar em seu Divino Nome que somos, deixá-lo fazer e saber que está feito... Isso manifesta desejos *quase* no instante e se refere à substância universal do Todo, pois aplica sua manifestação ajudando-nos no tempo e espaço da terceira dimensão (ou intermediando a quarta), onde nos encontramos, em uma ordem perfeita de harmonia em favor de todos.

Ainda que chegue a parecer que alguém possa sair prejudicado em uma situação de conflitos humanos, nossa amada Presença Divina Ativa o *autoriza* para que aprenda a lição a partir disto a que se propôs a absorver junto com seus mestres antes da encarnação neste planeta.

O poder divino, que é inerente a todos nós aqui na Terra, nos é concedido desde o primeiro momento em que respiramos fora do ventre materno. O poder de Deus que concede a vida diz: "Está feito". O momento em que o bebê manifesta o choro ou a expressão EU SOU anuncia a sua identidade individualizada na realidade física.

EU SOU vida. EU SOU vida. EU SOU vida.

EU SOU respiração. EU SOU respiração. EU SOU respiração.

(Ou seja, eu posso respirar...)

Portanto, estamos cientes e percebemos que jamais devemos utilizar a força do EU SOU para atrair consequências negativas para nossas vidas e existências, ao afirmar aspectos desqualificados, negativos e deteriorantes do ser. Só o bom e o belo sobre tudo e todos.

Necessitamos saber se temos esse potencial latente em nós. É o que abordaremos a seguir.

CAPÍTULO II

O Verdadeiro Potencial dos Filhos de Deus

Existe e sempre existiu um grande peso sobre os ombros dos povos da Terra em relação à sua existência dentro da estrutura das nações, cada qual com uma ideologia política ou social, com suas tradições, mitos e lendas, e, consequentemente, muitas vezes com opressões. Isso faz com que as forças espiritual e material sejam abafadas, e com que haja mesmo privação de direitos, inclusive deixando de existir, muitas vezes, esperança nos corações das pessoas.

Então, compreender o potencial que possuímos é necessário, pois podemos encontrar a consciência eterna da esperança ao observarmos a magnitude das montanhas, os riachos e rios que correm incessantemente, os oceanos com sua majestade. Para tanto, roguemos à Arqueia Esperança que esteja conosco nesta caminhada, neste existir.

Saiba, desde já, que o nosso potencial existente é a verdadeira emoção da alma. E isso ocorre quando ela sente que não serve a um deus humano, a um deus da terra, mas sim a um grande Ser Cósmico Universal, a um verdadeiro Deus que transcende todas as imaginações, que abrange todos os céus, assim como toda a cadeia de planetas, o Cosmos total, que com toda a sua magnificência e segredo é campo do domínio divino.

A alma pode reconhecer, certamente, a maravilha do Amor Infinito na intensificação do alcance cósmico, quer externamente, quer internamente.

Olhemos os mistérios do átomo. É magnífico, extraordinário contemplar seus mistérios, em que se encontra absolutamente o domínio, por um lado, do que é miniatura, as maravilhas de um Criador Eterno; e por outro lado, tem o ápice do macrocosmo. Como Ele é Espírito, deve ser adorado e somente Ele, em Espírito e Verdade (João, 4:24).

O homem é um aspirante a ser uma montanha. Ciente ou não desse fato, é a isso que ele aspira: a grandeza de sua consciência e de seu coração. No entanto, por vezes – e não raras –, é vitimado pelo aprisionamento ao ser atraído, de certa forma, por conceitos fúteis. Mas pode cortar essas cordas que o amarram.

Certamente, sua capacidade de cortar as amarras é o que denota esse seu potencial infinito e divino. Eleva-se às alturas livre e sem sofrimento ou castigo, percebendo então a oração cósmica permeando todo o Cosmos, uma determinada trilha ou um caminho deixado pelas almas que penetram a noite para encontrar e manter sob sua vista esse potencial divino.

Esse momento é aquele em que se deve provar a lealdade a Deus, assim como a toda humanidade. Ao chegar a esta conclusão, saberá que, quando ama a Deus Eterno no coração de um átomo, seu mesmo amor maravilhoso pode amar a Deus Eterno dentro do Cosmos Inteiro.

Qual a importância disso no contexto deste livro?

Certo é que não estamos buscando efetivamente criar dogmas, porque podem gerar um muro divisório e também um muro de lamentações. Quando um coração é lançado contra outro por banalidades, quando assuntos mortais têm precedência sobre os divinos, quando as dificuldades humanas são intensificadas nas questões de sobrevivência do ego, o indivíduo perde muito do que é divino e eterno em si.

Portanto, este é o momento de trabalhar com o conteúdo que apresentamos neste livro, visando à reunificação com o Divino, com a Hierarquia presente, com nossos irmãos maiores e mais antigos na senda espiritual, a fim de que, ao sermos chamados, digamos: "Pai, aqui estou" ou "Pai, eis-me aqui".

Compreendeis que, em meio às trevas que vêm existindo, grandes almas têm, mesmo assim, comungado com os altos pinheiros nas montanhas? Eles elevaram seus corações ao Deus Eterno, desesperando-se apenas com a humanidade, não com a natureza.

Existe um grande potencial divino e devemos permitir que, neste sistema solar específico, as emanações de nosso amado orbe solar penetrem no espaço e tragam ao nosso mundo a consciência e a graça de Alfa e Ômega, como a beleza diáfana e cósmica da vida, que nem sempre pode ser reconhecida na nossa grosseira forma atual.

Todos devemos trabalhar pelo mesmo propósito – o propósito do reino de Deus, na cidade de Deus entre os homens. Não pela luta sociológica humana e tudo o mais que pertence ao dragão das trevas, mas pelo Cordeiro de Deus imortal, que tira os pecados e as máculas do mundo;[1] as manchas serão cobertas pela Sua vida, da qual todos compartilham.

Para tanto, vamos compreender, a seguir, como recebemos e de que forma a luz chega até nós.

---

1. João 1:29.

CAPÍTULO III

A Dispensação de Luz

Muitos e muitos decretam e realizam seu serviço de adoração ou oram para que muitos outros possam ser abençoados. São almas que, na sua fé, se esquecem, por muitos momentos, de si próprias, fazendo com que o manancial de Luz criado nos céus, ou no que chamamos *corpo causal*[2], aumente progressivamente. Até que chegará um momento em que pode descer, como dispensação, para aquele que tanto tem decretado ou orado, e essa Luz pode ser oferecida para todos que estiverem receptivos.

Podemos dizer que é, na verdade, um presente de Deus. Em termos espirituais, uma dispensação é uma graça que Deus nos dá. Para falar mais diretamente, é uma concessão de energia, que nos é dada em adição a nossa cota diária. Ela flui por intermédio do chamado *anthakarana* ou cordão de cristal (ou de prata). Ela nos auxilia a nos tornarmos quem somos, a cumprir nossa missão[3] a serviço da vida, ou seja, Deus confia em nós para sermos seus verdadeiros soldados da Luz (*significa Sol dado à Terra para iluminá-la e a tudo que nela existe, a própria Criação*).

De forma mais simples, é como se alguém passasse e depositasse alguns milhões de reais em nossa conta bancária e nos dissesse: "Eis aqui. Use esta importância para transformar o seu mundo". Isto é dispensação. Ou ainda: é o dízimo a ser ofertado a Deus Criador. Manifesta-se como uma espécie de intercessão divina em nossa vida pessoal, em nosso círculo da congregação, das nações e dos governos com seus líderes mundiais.

---

2. Corpo da primeira causa. Esferas concêntricas de Luz e de consciência que rodeiam a Presença EU SOU nos planos do Espírito, onde os tesouros estão guardados e nenhum ladrão rouba, nem as traças corroem.
3. LATARE, Valdiviah G. S. *Seu Raio Cósmico de Missão*. 4. ed. São Paulo: Alfabeto, 2017.

Sempre há, como sempre houve, inúmeras dispensações dos Raios Cósmicos, especialmente a Chama Violeta. Por isso, é importante a realização de sessões de invocação, chamados, decretos, meditações, posto que, dentro da esfera de uma dispensação de luz, o poder manifesto é tremendamente elevado, não só para nós mesmos, que estamos trabalhando noite e dia, como para o planeta e seus habitantes. Assim será para aquele que, mesmo só em seu local de orações, realizar este trabalho.

Em quanto tempo precisa ser feito isto?

A vontade é o combustível para avançar e alcançar o sucesso, quando algo em nossa vida envolve um esforço pessoal. Os desejos do corpo físico irrompem em nossas vidas e exigem nossa total atenção.

Como usar essa demanda para algo útil ou criativo? Quando estamos no eu inferior, fazemos coisas que parecem mais fáceis, menos complicadas, mesmo que estejam erradas. Nossa vontade permanece inativa. Nossa força de vontade é uma fonte de energia que deve ser expandida com motivação e deve ser combinada com o Amor Divino.

Então, são necessários, basicamente, no mínimo *15 minutos* para que se crie um campo ao redor de nosso corpo, a nível etérico. Entretanto, deve ser realizado com amor, com devoção, de maneira profunda e sincera, pelo seu real poder e luz. Portanto, pela qualidade dela, qualidade por qualidade, é multiplicada por *10 vezes*. Isso se aplica também a toda sessão de decretos, invocações, afirmações, comandos de luz, orações, rogos, pleitos e intercessões.

Criado esse campo de proteção, fazemos nosso trabalho sob a Egrégora de Luz, dando consistência necessária para atingir os objetivos buscados. Ao final, sempre e sempre, expressamos gratidão.

A Proteção Divina e o Pilar de Luz

Muitas pessoas têm receio de realizar seus trabalhos e sessões de decretos e orações, pois possuem em suas mentes a ideia de que forças estranhas e negativas podem agir, e o efeito do que estão realizando possa causar enorme prejuízo. Ou mesmo chegam a pensar que, quando algo nefasto ocorre nos perímetros de seu círculo familiar, isso se deve ao que realizou, e então acaba produzindo uma espécie de travamento espiritual.

Muitas vezes, isso impede a pessoa de trabalhar efetivamente, de realizar seu serviço à Luz. Pode até mesmo sentir uma insegurança total, o que a força a procurar algum lugar espiritual, no qual permanece, não raras vezes, insatisfeita.

Devemos entender que, no começo, quando os seres foram criados, havia uma proteção natural em torno de cada um, mas não era uma criação consciente de si mesma. Como a discórdia da humanidade aumentou, lágrimas foram impostas sobre ela e isso a fez diminuir mais e mais, até que acabou.

Agora, necessitamos entrar em ação e aplicar as leis cósmicas, e outra vez construir o Pilar de Luz de Proteção, neste tempo, com consciência. Este pilar pode ser também chamado de Tubo, Cinto ou Círculo de Luz de Proteção.

Para tanto, não basta apenas decretar, mas também utilizar a visualização criativa, usando mente, coração e boca, visando atingir o efeito necessário à produção e à construção dessa barreira intransponível de proteção superior.

Antigamente, esse pilar tinha, aproximadamente, 274 cm de diâmetro. Essa era a realidade do Pilar de Luz vindo da Divina Presença ou Cordão de Cristal. Com o passar do tempo, foi diminuindo, diminuindo, tendo agora poucos centímetros, que, na verdade, não chegam nem perto da sua originalidade.

Portanto, a cada apresentação de decretos, orações, pleitos, invocações e comandos que serão sedimentados neste livro, utilizaremos a fórmula de visualização também, inserindo em cada um destes a necessária indicação e instrução.

Então, o Tubo de Luz é essência da Luz Divina. Ele não é visto ou perceptível no mundo físico, sendo percebido na dimensão espiritual, mas é o meio pelo qual nossos veículos inferiores – físico, etérico, mental e emocional – permanecem unidos ao Eu Superior e à Divina Presença do EU SOU.

O Tubo de Luz é composto por uma substância que responde e atende aos nossos pensamentos, pois ele é pura energia em si mesmo. Então, podemos desde já perceber que se mantivermos sentimentos positivos, de amor, de compaixão, de perdão, mesmo qualquer sentimento que vise ao bem maior, todo dia esse tubo ou campo de força se torna mais e mais forte, invencível e extremamente poderoso. Nada que seja contrário à luz ou discordante dela pode atravessá-lo. É impenetrável e flexível.

Como Ativá-lo?

Temos orientado as pessoas que, nas práticas diárias de meditação e nas sessões de decretos e invocações, visualizem esse Tubo de Luz como um cilindro na cor branca, cristalina, que envolve cada uma delas. E vejam o chacra da coroa se expandindo e elevando a sua luz até a Presença Divina na quinta dimensão.[4]

Observar a radiação intensa é necessário, como quando o sol brilha em seu ápice, e dessa forma o vemos crescendo e expandindo-se para cerca de cinco metros de diâmetro e um metro de espessura. Com o passar do tempo, você vai perceber que passará a realizar esse exercício automaticamente. Essa prática servirá para reforçá-lo cada vez mais, aumentando a sua proteção.

Ainda por intermédio do tubo de luz, surgem em nossa mente ideias ou lampejos, em nosso nível de consciência. Recebemos também dados específicos da rede mundial de seres sencientes, com a qual estamos inconscientemente ligados. Dessa forma, quando desejamos saber de algo, podemos pedir ao nosso Eu Divino que nos dê a resposta, a qual poderá aparecer por algum sinal qualquer. Portanto, deve-se estar atento a isso.

Cada um, como canal receptor, receberá Luz e Verdade tão claras e puras quanto o próprio Tubo de Luz, exceto se houver obstruções emocionais ou mentais. Quando não se estabelece a ligação, não ocorre a comunicação fluida.

---

4. CDs e DVDs de meditação e visualizações especiais dos Raios Cósmicos disponíveis na Escola de Mistérios Crisostelar, da autora.

Quanto Tempo Devemos Realizar a Ativação?

Todo dia, recomenda-se visualizar, ativar e nutrir o Tubo de Luz. Preferencialmente, de manhã, e, se possível, ao meio-dia e à noite, para que essa maravilhosa energia cresça e cresça, ampliando-se poderosamente. Deve ser refeito a cada 24 horas. Quem fizer assim, com o passar do tempo (dependendo da constância com que realiza a técnica), perceberá o aumento de sua força e maior segurança pela proteção divina.

Junto a este Tubo de Luz, podemos trabalhar com o fogo, a chama e a espada, cujas explicações detalhadas serão apresentadas no próximo capítulo.

CAPÍTULO IV

O Fogo Sagrado, a Chama e a Espada

Com o progresso dos ensinamentos que passamos até agora, chegou a hora de aprofundar ainda mais nos mistérios necessários ao entendimento do quanto podemos realizar utilizando as ferramentas que serão apresentadas mais adiante. Por isso, temos que entender, perfeitamente, os conceitos trazidos. A partir deste momento, percebemos a grandeza do que é um trabalho de Luz e como fazê-lo expande a força latente que pulsa em nossos seres. Que a alegria e o regozijo possam fazer parte de nós.

Entenda que a sabedoria não é apenas ter conhecimento, mas sim usar corretamente tudo isso. Por essa razão, é necessário aprender a forma certa de fazê-lo. O primeiro ensinamento que trago neste capítulo é sobre o Fogo Sagrado, tão pouco compreendido pela humanidade. Mas por quê?

A substância primeira é a Luz. Ela irradia da chama, que é a concentração do raio de Luz. Podemos concentrar o raio do sol através de um cristal ou vidro até que produza uma chama, que equivale ao raio de luz condensado ou concentrado o suficiente a ponto de criar o fogo.

Uma chama vem do invisível para o visível, e quando extinta retorna para o invisível – quarta dimensão. O Fogo Sagrado é mestre em qualquer esfera. O Fogo Sagrado da Terra foi mantido no retiro dos Mestres Ascendidos até este tempo, sendo ele a luz primordial, conscientemente dotada com uma qualidade específica. Assim, o Fogo Sagrado, quando invocado ou chamado à ação, pode realizar o que o fogo físico não é capaz, sem prejudicar ninguém.

Ele é a própria chama qualificada pelos seres que têm consciência ou autoconsciência, seres inteligentes. É qualificada pelo desejo ou sentimento de agir de uma maneira específica, em uma determinada situação, e isso já é energia qualificada e concentrada que qualquer pessoa pode usar de forma perfeitamente natural.

Já sabemos o que é a ação poderosa do fogo físico. Mas como ele pode transformar e transmutar a substância, e em quê? Retorna para a substância universal, Luz.

O Fogo, na verdade, é uma bênção para a humanidade. Ele transmuta o lixo e os resíduos, o que não é útil. Com o calor, são produzidos vários métodos de aquecimento que usufruímos quando é necessário, o que é um grande conforto e uma bênção. No entanto, o fogo físico destruirá, pois é uma atividade impessoal e apenas age onde quer que esteja atuando. Assim, o fogo é uma atividade exterior ou física do Fogo Sagrado, que geralmente não é visto com os olhos humanos, mas é possível com a terceira visão ou visão interna, esta faculdade espiritual desenvolvida.

Então, o Fogo Sagrado significa a ação interior do elemento fogo. O ser autoconsciente de cada um, a verdadeira identidade. É uma chama inata, imortal. A própria vida, na expressão exterior, é apenas vida qualificada.

Podemos assim, em uma ação inicial, invocar suas virtudes e seus poderes. Jesus Cristo foi instruído e aplicou essas mesmas atividades do Fogo Sagrado, sendo que, em seu tempo, a lei não permitia que fosse dado às massas, como é feito hoje, em que qualquer pessoa de bem pode receber os ensinamentos, como estamos apresentando agora, e utilizá-los de forma correta, pois há muito engano no mundo e nos meios de comunicação. Na época do Mestre dos mestres (Luz das luzes), ele ensinava em parábolas e transmitia aos discípulos que estavam próximos a ele em qualquer grau que pudessem entender.

Há três atividades de atuação do elemento fogo: *transmuta, cria* e *sustém*. Nelas, há sempre o masculino e o feminino, que, em combinação, produzem a ação. Na atmosfera terrestre, sua ação natural é elevar-se e voltar à sua própria realidade, que é de ação vibratória mais rápida e de uma frequência similar. Portanto, reconhecimento, amor e invocação são necessários para ter as chamas e sua devida atuação.

As várias chamas do Fogo Sagrado são reais, como uma corrente de energia, não abstrata ou efêmera. A ação do Raio ou do fogo (*bem como uma qualidade ou virtude*) tem sempre uma inteligência (consciente) dirigindo, um ser por trás dela, não é apenas uma ideia abstrata. A qualidade, virtude ou atividade que o fogo representa é ancorada dentro dele. Uma característica importante é que o centro de todas as chamas tem a vibração da cor branca.

Como Podemos Entender a Espada?

Agora, vamos ingressar no estudo da espada. Existem diversos trabalhos que podem ser realizados com essa ferramenta de poder, inclusive a nível físico, como usar uma espada (*sem corte*) forjada de acordo com a tradição dos magos antigos especificamente para a realização de desobsessões. Mas, neste livro, não vamos aprofundar no assunto. O importante aqui é saber que, *metafisicamente* falando, a espada simboliza o poder penetrante da mente e encoraja o manejo do intelecto, treinado para produzir os resultados que buscamos.

Se desejarmos construir uma espada fisicamente, ela deve incorporar todos os elementos: Terra, Fogo, Ar e Água. Esse é um ponto poderoso, pois assegura que o padrão energético da espada apresente inteireza, equilíbrio, totalidade e unificação de todos os recursos para formar um feixe de força (energia) bem focado.

Nos países asiáticos, a espada é um símbolo de coragem e força. Ela é criada por ferreiros em rituais religiosos, sendo altamente valorizada e servindo como símbolo do arquétipo do guerreiro.

Na mitologia celta, a espada está conectada a ganho, riqueza, honra e estabelecimento de hierarquia. Muitas vezes, espadas eram consideradas marcadores de laços familiares e indicadas pelas vitórias conquistadas, com o propósito de assegurar a sobrevivência da linhagem de sangue.

O simbolismo maia indica a espada como a doadora da vida. Esse povo tinha íntima ligação com o fino véu entre a vida física e a vida espiritual. A espada servia como um portal (quando se morria em batalha ou sacrifício) para a vida espiritual, à medida que o corpo físico passava e o espírito se elevava ao desdobramento celestial.

Saindo da esfera física, temos que a utilização de uma *espada de Luz* deve ocorrer pelo poder mental abstrato, o que virá com o tempo determinado pela vontade. Encontramos no texto bíblico: "E tome... a espada do Espírito, que é a palavra de Deus" (Efésios 6:17). Qual é o significado de uma arma sendo listada na armadura de Deus?

A espada é um símbolo de guerra, destruição, poder, autoridade e juízo divinos. Ela é também relacionada à sabedoria e à razão, pela emissão de suas palavras com a língua da boca. Muito simplesmente, a espada é usada para cortar um inimigo. Assim como uma espada física pode matar ou mutilar seus oponentes, a boca do homem pode emitir palavras afiadas que agem como uma espada para matar a ignorância, mentiras e trevas no mundo a fim de trazer luz.

Encontramos o verdadeiro significado da espada nas escrituras do Gênesis (27:40): "Pela tua espada viverás; Tu te sustentarás pela guerra e pela rapina". O Senhor, em Mateus (10: 34), disse: "Eu vim não para enviar paz à terra, mas uma espada". E, em Salmos (17:13), "O ímpio, que é tua espada".

Como um símbolo alquímico, os aspectos da espada são representativos da purificação pelo processo de vida e morte. Além disso, o budismo reconhece a espada como uma metáfora, em que ela corta a ignorância para alcançar a verdade em todas as coisas, *cortando*, dessa maneira, o pensamento errado.

Então, agora, cabe a indagação: *como utilizamos a Espada de Luz (ou dos Raios Cósmicos)?* Cada Raio de Luz tem uma vibração e uma velocidade específicas dentro de uma faixa determinada, com as quais a sua utilização é possível.

Para que isso se torne real e haja a consecução do que é desejado, é necessário ter, preliminarmente, o conhecimento básico do que são Raios Cósmicos, bem como suas características – recomendamos a leitura dos livros *O Seu Raio Cósmico de Missão*[5] e *O Poder dos Doze Raios Cósmicos e Seu Triângulo de Missão.*[6]

Para a realização de um trabalho com esse tipo de instrumento de poder, devemos considerar alguns outros aspectos: tamanho, forma, joias e lâmina. Também será necessária a utilização da tela mental, observando-se a necessária compreensão do que afirmamos anteriormente.

Temos basicamente sete Espadas de Luz, as quais fazem parte do contexto dos sete raios cósmicos básicos. Esses instrumentos representam o poder dos arcanjos e dos Elohim de Deus. Os primeiros são destros; os outros, canhotos.

---

5. LATARE, Valdiviah S. *O seu Raio Cósmico de Missão.* 4. ed. São Paulo: Alfabeto, 2008.

6. LATARE, Valdiviah S. *O Poder dos Doze Raios Cósmicos e seu Triângulo de Missão.* São Paulo: Alfabeto, 2012.

A aplicação somente será necessária quando combinada com a realização de decretos, invocações e chamados de Luz, visando seccionar, desagregar e provocar o rompimento de elos negativos, além do poder desobsessivo.

A espada a que se está referindo pode ser física, forjada dentro de um molde superior, com a energia determinante e com o processo especial por quem faz esse tipo de trabalho. Porém, existe um segredo para sua fabricação, cujo ritual é um pouco complexo, por ser uma arte divina.

Sim, pois tem que ser considerado o diâmetro do gume, a espessura do aço (e de que espécie este tem que ser, não podendo ser de qualquer uma), o comprimento, a empunhadura do cabo, a forma deste, a impressão de códigos de Luz e, especialmente, o verbo.

Porém, não tendo esse tipo de ferramenta de trabalho destinado a rituais específicos, utiliza-se o processo da Espada de Luz, ou seja, aquela que não é física. São os instrumentos chamados de "poder" e que são, muitas vezes, oferecidos aos trabalhadores que servem ao verdadeiro Senhor, Deus Único, o Deus de nossos ancestrais, dos profetas e de Israel. Esse oferecimento vem da Irmandade Branca, e cada operador saberá quando ocorrer.

O importante, nesse momento, é saber que, mesmo não tendo certeza de tê-la recebido, pode trabalhar por intermédio do processo da visão espiritual ou cocriativa da tela mental. Ou, ainda, pelo poder mental inerente a cada processo, além de meditação e orientação de um reverendo ou sacerdote da Grande Fraternidade Branca.

Esta espada, empunhada de forma precisa e correta, irá realizar a ação do processo de libertação de amarras, desobstrução de caminhos, de fios de conexão, de implantes, e de tudo o mais que possa manter amarrado o discípulo ou operador (trabalhador).

Todo trabalho que podemos desenvolver tem uma força peculiar. Porém, pode ser multiplicado pelo processo do que chamamos "poder do 3x3", cuja amplitude de conceito e aplicação serão reveladas a seguir.

CAPÍTULO V

A Força de Poder do 3x3

Veremos a partir deste capítulo qual ou quais são os motivos determinantes da necessidade de se realizar os decretos por, no mínimo, três vezes. Além disso, vamos avaliar se o fato de serem feitos apenas uma vez possui os efeitos necessários à produção do resultado que se busca.

Como no mundo se reza na tripla atividade da Divindade, ou seja, em nome do Pai, do Filho e do Espírito Santo, assim nós fazemos nossos decretos: no mínimo três vezes, em nome do Poder Divino, da Sabedoria Divina e do Amor Divino, que é a tripla atividade do Altíssimo que habita na Chama Trina em nosso interior.

Também no mínimo três vezes porque é o externo (por exemplo, a personalidade) de uma pessoa indicando a consciência externa do ser físico, a consciência do Santo Ser Crístico *(aquele que Jesus Cristo falou sobre o mediador entre o homem e Deus)* e a onipresente, onipotente e onisciente consciência do Ser Divino (a Presença EU SOU), que estão de acordo em trazer adiante a mesma manifestação "A União faz a força".

Explicando melhor, quando se produz a cooperação amorosa, isso significa que a personalidade despertou, espiritualmente, o suficiente para realizar e aceitar, conscientemente, a verdade de que a vida da personalidade é Deus em ação. Portanto, é uma parte muito real da tripla natureza de Deus. Significa que a luz (o bem) da personalidade (o ser externo) reconhece e invoca o amor maior e divino, a sabedoria de sua própria corrente de vida, e a Lei da Vida. Quando a consciência inferior invoca a consciência maior pela assistência que seja, esta consciência *sempre responde* instantaneamente.

É a Lei da Vida que, a fim de trazer manifestação externa aqui embaixo, no mundo das aparências físicas, daquilo que invocamos ou decretamos, determina que o ser externo do indivíduo ou de um grupo que deseja essa manifestação deve descarregar essa oitava de expressão, ao menos por um terço da energia que se requer nos níveis internos de consciência para produzir a referida manifestação. Os outros dois terços da energia que se requer para tal produção serão oferecidos pela Hoste Ascensionada. De forma objetiva, quem decreta deve fazer a sua parte.

Tendo em vista o dispêndio de uma grande quantidade de energia quando a pessoa usa o pensamento, o sentimento e a palavra falada ao fazer decretos, saiba que a repetição por três vezes a auxilia a acoplar mais rapidamente a energia necessária para a manifestação.

Outro motivo pelo qual a repetição por no mínimo três vezes é importante se deve ao fato de que os decretos auxiliam a convencer sua própria personalidade das verdades que está proclamando intensamente, no momento em que os escuta repetidos por si mesmo ou por demais pessoas em trabalho grupal. O ser externo obtém um sentimento de confiança quando vê outras pessoas ocupadas em atividades semelhantes às suas.

Ocorre que, se uma pessoa não tem, em princípio, muita fé em seus decretos porque os faz sozinha, pode ser que, pela repetição deles com sinceridade, comece a crer nas afirmações da verdade (prescindindo de toda aparência). Logo, se permanecer nas repetições o suficiente, acabará, finalmente, aceitando essa verdade em seu próprio coração e estará, dessa forma, plenamente convencido dessa realidade superior. Então, a manifestação (do que está decretando) virá a ocorrer aqui. Vemos isso escrito em Mateus (9:29): "Seja feito segundo vossa fé".

Quando se repetem decretos (afirmação da Verdade Universal), se constrói, ao mesmo tempo, uma forma de pensamento boa e forte. Cada vez que emitimos os decretos, cria-se uma forma-pensamento na atmosfera, com a qual se atrai seu igual (semelhante atrai semelhante). Cada uma dessas formas puxa para si outra próxima a ela no tempo, em que o mesmo padrão é repetido uma e outra vez.

No princípio, a forma-pensamento é mais lenta. Mas, à medida que se vai decretando e a esfera (energia descarregada pela pessoa ao decretar) é calcificada com o mesmo padrão e adere a original, essa forma vai ficando cada vez mais forte e definitiva. Transforma-se, então, no *cálice* dentro do qual se vertem o sentimento de fé e a aceitação desses decretos.

A partir daí, podemos dizer que se converte em algo vivente e, em obediência à palavra falada (com autoridade da Presença EU SOU), essa forma se manifesta de maneira física. É que tudo emana do invisível para o visível. Tudo começa no Uno. Pense nos grandes recifes de corais em alguns sítios ecológicos de nossos oceanos, que se formam partindo dos diminutos esqueletos das pequenas criaturas marinhas, cujas conchas descartadas denominamos coral. Quando a vida dentro dessa concha está a ponto de morrer, usualmente descansa sobre outra de sua própria espécie e, assim, milhões e milhões de anos de tais conchas diminutas se combinam para conformar uma ilha habitável, na qual alguns seres humanos podem viver e realmente vivem.

Amar a vida o suficiente a ponto de liberá-la por meio de decretos é o que veremos a partir do próximo capítulo. Apresentaremos o porquê de, em determinadas situações, eles não funcionarem e os erros comuns, para que possamos corrigi-los quando ocorrerem.

CAPÍTULO VI

Evite Erros na Hora de Decretar

Saiba que os decretos são afirmações positivas de luz em forma de oração, em que geralmente se utiliza a primeira pessoa para decretar – outras vezes, em conjunto, usa-se o plural. O tempo verbal é o presente. Um exemplo seria: "Confio em minha intuição; a magia do Universo está presente em minha vida".

Entenda que o Universo tem sua própria linguagem. Entretanto, literalmente, o que dizemos ele o toma e passa a buscar a forma de realizar. Se pedimos para sermos felizes, ele entende nosso desejo de felicidade e, assim, em determinado momento, vai oferecer a oportunidade para tanto. E se, em troca, afirmamos EU SOU FELIZ, EU SOU PRÓSPERO, então mais o Universo responde oferecendo mais felicidade e abundância em face da chamada Lei da Atração.

Como isso pode ocorrer? Simplesmente porque o Universo entende nossas emoções, sem se importar se são conscientes ou inconscientes. Muitas vezes, os decretos não funcionam como deveriam porque, mentalmente, cremos qual é nossa vida de sonhos, mas não compreendemos o que nosso coração nos diz. E assim, na confusão entre mente e coração, os decretos se esvaem e se desvirtuam.

Deve-se, pois, escutar o coração, acalmando a mente por meio da meditação e da observação. Pouco a pouco, a mente começará a ter menos pensamentos, e é muito provável que se comece a escutar o que o coração diz.

Outro passo secreto é que se deve avançar pouco a pouco, sem querer decretar algo que está muito longe. É preciso, então, pronunciar decretos com comodidade emocional, pois é ilusão do ego pensar que, da noite para o dia, pode-se transformar em alguém rico, por exemplo. Sabe-se que muitos que ganham fortunas na loteria em pouco tempo voltam à condição anterior ao prêmio. Inicia-se afirmando "Eu sou rico", mas seguramente não o sentirá em concordância com sua atual realidade, porque há muita distância entre onde se está e onde se quer chegar.

É preciso fazer uma preparação para se abrir para receber, aprendendo a ser realmente feliz. Imagine que os decretos são seus sapatos mágicos, caminhando com eles passo a passo, convertendo-se nesse verdadeiro mago que recorre a um caminho único, observando e transformando sonhos em realidade.

Passo a passo, caminhando sobre pétalas de rosas, eu decreto meus desejos. Passo a passo. Tenha em mente que é um decreto. Tenha claro a vida de seus sonhos. Veja e clarifique sua mente, para que mais e mais decretos se acerquem de você, pois a prática constante o faz um mestre.

Saiba que o poder da palavra é infinito. A energia que move tem a força de concretizar tudo o que você pedir. É evidente que, tendo em suas mãos o poder de influenciar o Universo, não perderá a oportunidade de forjar o futuro, moldando ao seu redor e melhorando a vida por meio do que chamamos de Metafísica dos Decretos Universais ou Cósmicos.

Mas o Que São os Decretos na Esfera da Metafísica?

O amigo com o qual você conta, o recurso que tem à mão em caso de emergência, o primeiro que chama em caso de ajuda... Esses são os decretos metafísicos. Quando desejamos algo com rapidez, com urgência, pensamos em como pedi-lo? Como transmitir nosso pensamento?

A palavra é nossa ferramenta para decretar tudo o que desejamos. Toda palavra dita tem uma resposta fora de nosso interior. Enfim, pergunta-se, necessariamente, como podemos decretar metafisicamente?

O realizar, o executar um decreto é algo muito fácil. Você só tem que pedi-lo em palavras e, mais cedo ou mais tarde, o decreto se cumpre. Mas e se deseja que se realize rapidamente?

Em resumo, se não tem fé, isso implica que terá de orar para alcançar seus desejos. A segurança que você tem de que seu decreto vai se cumprir é diretamente proporcional ao tempo para receber os presentes desejados.

Não aceite ideias negativas que alterem sua forma de pensar. Peça a Deus que faça seus desejos se tornarem realidade. Você é Deus porque ele é teu pai e você, a essência dele. Afaste os pensamentos negativos. Peça ajuda aos Mestres Ascensos para conseguir a paz e a claridade necessárias para que o objeto de seu decreto seja canalizado de maneira positiva e suas energias alcancem, projetando seu bem-estar aos que o cercam.

Tenha esses seres, o arcanjo Chamuel e o conde de Saint Germain sempre presentes em suas orações. Existem decretos universais que os Mestres Ascendidos têm vibrado para que todos possam usá-los como orientação.

Por exemplo: EU SOU amor exitoso, abundância infinita e tenho responsabilidade. EU SOU inteligência ativa.

A maneira ideal de fazer os decretos é em voz alta – melhor do que silenciosamente. Procure um lugar apropriado, onde a tranquilidade reine. Se for impossível decretar em casa, faça em qualquer lugar, desde que esteja limpo e purificado. Se o lugar que você escolher estiver desordenado, sujo e cheio de poeira, não permitirá que as energias fluam corretamente, impedindo de cumprir seus decretos. Evite fazê-los na rua ou onde pessoas não compreendam o que estará realizando.

Decretos metafísicos, portanto, são aqueles que você tem que colocar em prática em sua vida. Assim como este: *Eu cancelo, dissolvo e transmuto qualquer energia discordante que se acerque de minha vida, e determino que só a Luz pode se acercar dela. Graças. Graças. Muitas graças.*

Dentro dessa ordem de ideias, para executar decretos metafísicos, devemos adotar algumas formas ideais que nos preparam para atingir o momento perfeito. E o momento perfeito é hoje – sempre melhor antes do que depois. A meditação nos ajuda a obter nossos pensamentos puros e mantê-los assim. Alcançar a paz interior auxilia a dar força aos decretos que são feitos, pois, quando se deixa levar por pensamentos negativos e isso é decretado, pode-se causar danos a si mesmo ou aos outros, surgindo uma frase bastante comum: "Eu lhe disse o que aconteceria".

Isso nada mais é do que o resultado de um decreto com uma carga de energia negativa, feito com tanta convicção a ponto de, quando esperamos – ou melhor, decretamos – algo muito importante para nós, não temos mais convicção de que o Cosmos irá nos conceder a graça.

Para ajudar você a não cometer mais esse engano, neste livro encontrará mais adiante vários decretos metafísicos abrangentes, que poderá realizar de forma simples e harmoniosa.

CAPÍTULO VII

Ferramentas para Dar Força aos Decretos

Visualizar situações para que a mente e o corpo sintam que elas acontecem pode desencadear o processo. Olhe para uma foto na qual você esteja feliz e imagine-se cercado por conquistas, companheiros e títulos. Deixe a foto à vista para que, diariamente, você se lembre de tudo o que tem. Os decretos para o trabalho perfeito devem ser realizados com uma voz alta e segura, sem duvidar de que isso aconteça. É recomendável repetir três vezes por dia e observar no espelho como você fala.

Acompanhe os decretos com meditação. Execute uma rotina de visualização e, quando estiver relaxado, mergulhe na meditação. Imagine que você é chamado para uma oferta de emprego, e então vai à entrevista e obtém o trabalho perfeito. É vital que você deixe seu corpo sentir o prazer e a emoção de viver esse sonho. Diga mentalmente às pessoas que você se importa em ter esse emprego. Com a meditação, você pode visualizar os dias seguintes à sua contratação, e ver-se trabalhando e compartilhando, sendo reconhecido e muito feliz com o que faz. Quando você retornar ao momento presente, lembre-se de que em breve terá o que viu em sua mente.

A partir de agora, para todo trabalho que venha a fazer, *deve* agir da seguinte forma:

1º passo – Visualização Inicial de Proteção

Visualize uma cúpula de radiação azul, que se expande amplamente em volta da sua casa ou do local onde está, afastando todas as imperfeições. Sinta que você e todos estão juntos nesta cúpula, protegidos e preenchidos totalmente com a luz dos corações de toda a Grande Fraternidade Branca.

2º passo – Consagração das Velas

Utilize um castiçal triplo com três velas nas cores azul, amarelo e rosa. Fale a seguinte saudação, enquanto acende as velas da esquerda para a direita:

Saudamos a poderosa e abrangente Luz do Universo, a mais alta Fonte de Vida EU SOU! Nós nos curvamos, reverentemente, em profunda gratidão diante da Luz Cósmica e consagramos essas chamas como símbolo da Chama Trina da Vida, em cada ser humano. Poder... Sabedoria... Amor...

(Acenda as velas da esquerda para a direita)

3º passo – O Decreto

Agora, você pode decretar o que desejar, à sua escolha. A seguir, apresentamos alguns exemplos.

Decretos para Encontrar um Trabalho Perfeito

Como disse Confúcio, "Escolha um trabalho de que goste e não terá que trabalhar um dia de sua vida". Então, se você estiver cansado de sua ocupação atual, chegou o momento de utilizar a Lei da Precipitação para que ele venha até você.

Ao fazer uma sequência de decretos, este trabalho chegará em sua vida. Pode repeti-los em múltiplos de três. O poder da fé e da persistência são forças poderosas e, associadas à visualização, amplificam o potencial de atuação dos decretos. Esse poder tem força da motivação, e o desejo e a vontade de alcançar esse fim predeterminado farão com que ele aconteça.

Como funciona? Para que esta lei realmente tenha sua plena eficácia, é necessário que você imagine com detalhes o que realmente deseja, aquilo que gostaria de ter, desde o local do trabalho, sua posição nesse emprego, seus colegas, seu chefe, seu salário e todas as coisas que tenham relação com esse tópico especificamente.

Se souber o que realmente deseja, sem indecisão ou dúvida, pode concentrar-se nisso, sendo extremamente importante que você acredite que as forças universais conspirarão a seu favor, precipitando o acontecimento para que obtenha o emprego.

Nesse processo, enquanto realiza os decretos, mantenha sua mente positiva e elimine quaisquer resquícios de dúvida. Após estar plenamente convicto, atue como se você já tivesse o trabalho ideal, perfeito, moldando sua rotina como se fosse trabalhar, e se visualize lá.

A prática de usar decretos para o trabalho perfeito é uma realidade que pode ser usada por todos. Mas é necessário investir tempo nisso e assumir a atitude certa para atingir o objetivo desejado o mais rápido possível.

Decretos para o Trabalho Perfeito

– Deus me ajude e eu confio no seu poder. Ele me dará um trabalho perfeito que tenha um excelente ambiente e ficarei feliz porque tenho o que eu quero. Obrigado, Senhor, muito obrigado por me dar o que pedi.

– Decreto que eu sou feliz e que o emprego que tenho é perfeito para mim, porque agora o dinheiro me pertence e vem a mim em abundância.

– Hoje, declaro que o trabalho que está vindo é o meu trabalho ideal.

– Meu escritório é grande e meus colegas de trabalho são meus amigos.

– Sei que me darão esse emprego, porque eu quero assim. O pagamento vai ser ótimo e está perto da minha casa.

– Tudo o que quero eu recebo. Eu sou o melhor e vou me sair bem na minha entrevista.

– Decreto que meu desejo de trabalho perfeito se materializa na minha vida.

– Estou certo de que vou conseguir um trabalho melhor com grande sucesso e felicidade.

– O Universo e suas energias concordam comigo e me trarão bem--estar e abundância por meio do meu trabalho perfeito.

– Tudo o que sonho sempre é cumprido.

– Não tenho mais medo de mudar, minha vontade é o que importa.

– O meu chefe será um homem simpático, que me dará a oportunidade de surgir e ajudar minha família.

– Em nome da amada Presença vencedora de Deus EU SOU em mim e do meu Santo Cristo Pessoal, invoco o amado Saint Germain e os anjos do sétimo raio. Peço-lhes que *(insira seu pedido)*. Peço que minha invocação seja multiplicada e usada para ajudar todas as almas desse planeta que estão em necessidade. Agradeço e aceito que seja feito nesse momento com pleno poder, de acordo com a Vontade de Deus. Amém.

Decretos de Purificação da Energia Feminina

EU SOU perdão atuando em todo o meu sistema mental, emocional e físico; equilibrando minha energia feminina.

EU SOU amor.

EU SOU a gratidão de ser uma mulher.

EU SOU a beleza do amor.

EU SOU clareza e sensibilidade.

EU SOU a inocência de sentir prazer no meu corpo físico.

EU SOU inocência em tudo o que penso e sinto.

EU SOU o amor e a bandeira em tudo o que penso e sinto.

EU SOU a ressurreição e a vida.

EU SOU o poder em equilíbrio perfeito.

EU SOU o poder na minha vida.

EU SOU o amor e a alegria em ser energia feminina.

Decretos de Abundância

Pai Divino, amado Ser Supremo, Senhor de todas as grandezas, graças vos dou pela abundância e prosperidade divinas que são minhas.

Aceito plenamente a abundância infinita de meu Pai e Mãe Divinos. Aceito que não devo fazer nada para merecê-la, porque me pertence por direito próprio. Sou fruto do Amor Divino.

A partir de hoje *(coloque a data e hora)*, eu, *(fale seu nome de batismo)*, renuncio, renuncio, renuncio, a todos os meus temores. Decreto, afirmo e sustento que meu sentido de segurança é interno, que desce de minha Presença Eu Sou dentro de mim.

Concluo e renuncio a qualquer falso sentimento do sentido de segurança que está baseado nas coisas deste mundo.

Todo meu ser e existência é extensão de Deus que criou o Universo e todas as coisas nele existentes. Por ele, sou um com o Todo. Possuo acesso a toda abundância e prosperidade divinas do Universo material e espiritual.

Todo meu ser e existência, portanto, é um com Deus. Eu sou íntegro, eu não me corrompo com as coisas do mundo. Eu sou completo e possuo dentro de mim tudo aquilo que necessito para que seja feliz.

Atraio, atraio, atraio, por magnetismo divino, e aceito a abundância e prosperidade divina em meu mundo, agora e sempre.

Graças vos dou, Pai Divino, por ser como és em minha existência e dentro de mim. Amém. Amém. Amém.

Como se vê, este é o momento para se aprender alguns dos decretos e as visualizações necessárias para conquistar o que deseja. A seguir, você terá acesso a um material que poderá utilizar para dar mais força aos trabalhos, especificamente sobre os 12 raios cósmicos.

CAPÍTULO VIII

Decretos e Invocações dos 12 Raios Divinos

1º RAIO

Mestres regentes: El Morya e Lady Miriam
Cor: Azul
Atributos: Coragem, confiança, poder interior, bravura, força motriz, entusiasmo, força, decisão, poder, vontade, ação, determinação, fé, proteção, perseverança, vontade de Deus, bem, felicidade. Nos níveis inferiores, âncora da alma do Criador. Em um nível superior, integra a vontade e o plano divino do Criador.
Dia: Domingo
Arcanjo: Miguel
Elohim: Hércules e Amazônia

Chamado às Legiões de Anjos do Relâmpago Azul de Sírius

Enquanto faz o decreto, visualize essas legiões vindas dos céus, formando um gigantesco V de vitória, com a resplandecente luz azul magnífica. Visualize também que se aproxima da Terra, à medida que está decretando. Ao se utilizar o poder do chacra da garganta, vão sendo despejadas na Terra varas de poder azul para equilibrá-la, cujo poder é intensificado pelas legiões.

O decreto é:

Poderosa e majestosa Presença EU SOU em mim, meu amado Cristo pessoal, do amado Surya e de todos os seres ascensos que compõem a Grande Irmandade Branca, e de todos os não ascensos que trabalham em prol da Grande Luz, neste momento invoco e conclamo as legiões de anjos do relâmpago azul da estrela divina Sírius, que venham, venham, venham, para libertar toda vida senciente do sofrimento e da dor, e de toda a guerra. Banhem a amada Terra com a luz de sua magnífica proteção, afastando todo medo, dúvida, rancor, tristeza, amargura, dando-nos força para vencer os inimigos ocultos ou revelados, e auxiliem na manutenção e no equilíbrio das forças naturais deste planeta. Aceito isto como plenamente realizado porque está a serviço do bem maior, nesse momento, agora e para todo o sempre. Amém.

Fogo Flamejante da Vitória Divina

Visualize-se circundado por espirais de fogo azul flamejante, enquanto decreta:

EU SOU, EU SOU, EU SOU e estou no coração da Chama Azul, EU SOU compassivo. EU SOU um resplandecente Pilar de Fogo. Camada por camada de destino imortal, EU SOU. E assim mantenho ciclos de infinitude que se manifestam como a vontade da Chama Azul. Ommmmmmmm...

Vibrem agora palavras e letras flamejantes de meus lábios, flamejantes de fogo vivo, escritas em milhares de línguas celestiais e terrestres, ressoando com o som do nome sagrado que EU SOU.

Fogo azul flamejante da vontade de Deus. Fogo azul flamejante da vontade de Deus. Fogo azul flamejante da vontade de Deus. Preencha este local agora.

Desçam, desçam, desçam, raios de luz iridescentes, e se elevem pelo poder da fidelidade à vontade sagrada.

EU SOU. EU SOU. EU SOU um pilar de destino. EU SOU, pulsações do grande Sol. EU SOU, dentro do núcleo da Terra, as emanações dos raios secretos do poderoso Cosmos.

EU SOU o próprio enviar do cristal azul vindo de mundos distantes. EU SOU o enviar da luz que está destinada a encontrar cada alma na mais escura noite de sofrimento da Terra.

Comando agora neste instante: entrai Luz em cada célula viva do meu ser. Luz, entrai agora em cada célula viva. Entrai. Fortalecei. Protegei e purificai.

EU SOU. EU SOU. EU SOU. Flor flamejante das horas sagradas da vida. EU SOU e estou para cumprir o propósito divino, e cumprir os votos que fiz antes que o mundo existisse, e cumprir a profecia prometida da vitória da luz.

EU SOU e profetizo minha vitória na luz e da minha alma! EU SOU e profetizo minha vitória na luz e da minha alma! EU SOU e profetizo minha vitória na luz e da minha alma!

Ó, vitória das vitórias. Ó, luz sagrada, milagre das eras. Ó, Pai divino. Tu me chamaste. Eis-me aqui. Para voltar ao lar. Para as oitavas de luz. Luz da eterna vitória do amor, Somos Um para toda a eternidade. Ommmmmmmmmmmmm.

Proteção da Cruz de Chama Azul

A amada presença de Deus Eu Sou em mim e em todos os que trabalham a serviço da luz divina superior, e amado arcanjo Miguel, os amamos.

Amado senhor Miguel, envia teus anjos com as espadas de Chama Azul para que...

CORTEM E LIBEREM (9x)

A todos os que estão debaixo desta radiação e especialmente a geração de jovens e seus pais; a nossos veículos físicos, etéricos, mentais e emocionais, às nossas auras, mundos, assuntos e atividades – de tudo aquilo que não seja da luz, através e ao nosso redor o dirigido a nós.

CORTEM E LIBEREM-NOS (9x)

De toda linha de força que nos conecte à imperfeição que seja, e envie tua Chama Azul para dissolver cada linha de fora até o final.

Coloca tua cruz de Chama Azul a nossa frente... atrás de nós... ao nosso lado... acima e abaixo de nós e...

SELA-NOS (9x)

...dentro de tua cruz de Chama Azul AGORA e PARA SEMPRE! Assim o decretamos no mais Sagrado Nome do Deus EU SOU.

Espada da Chama Azul

Em nome do Deus poderoso EU SOU e do fogo divino criativo pulsando em cada coração humano, enviamos a chama de amor de nossos corações diretamente para o grande arcanjo Miguel, e pedimos sua resposta instantânea e a descida de suas legiões de anjos, para que eles apareçam com este decreto e que possamos vê-lo cumprido, mesmo enquanto decretamos:

ESPADA DE CHAMA AZUL DO ARCANJO MICHAEL!
ESPADA DE CHAMA AZUL DO ARCANJO MICHAEL!
ESPADA DE CHAMA AZUL DO ARCANJO MICHAEL!

Desça na Terra agora!

ESPADA DE CHAMA AZUL DO ARCANJO MICHAEL!
ESPADA DE CHAMA AZUL DO ARCANJO MICHAEL!
ESPADA DE CHAMA AZUL DO ARCANJO MICHAEL!

Defenda nossa Terra agora!

ESPADA DE CHAMA AZUL DO ARCANJO MICHAEL!
ESPADA DE CHAMA AZUL DO ARCANJO MICHAEL!
ESPADA DE CHAMA AZUL DO ARCANJO MICHAEL!

Corte amarras e liberte nossa Terra!

ESPADA DE CHAMA AZUL DO ARCANJO MICHAEL!
ESPADA DE CHAMA AZUL DO ARCANJO MICHAEL!
ESPADA DE CHAMA AZUL DO ARCANJO MICHAEL!

Faça resplandecer tua grande vitória!

Você, grande amado ser, arcanjo Miguel, aceite nosso chamado! Mantenha-o carregado com o poder de mil sóis e faça-o tão brilhante em todos os lugares em nosso planeta Terra para sempre aniquilar tudo o que retarde a vitória da perfeição, nosso planeta e todas as suas evoluções. Assim seja, amado EU SOU! Amado EU SOU! Amado EU SOU!

EU SOU! EU SOU! EU SOU! A ressurreição, a vida, a saúde e a ação perfeita de cada célula e órgão do meu corpo, mente, mundo e assuntos humanos...

AQUI E AGORA, que se manifestem! (3x)

EU SOU! EU SOU! EU SOU! A ressurreição e a vida de minhas finanças, visíveis e tangíveis em minhas mãos e para meu uso hoje mesmo. (3x)

EU SOU! EU SOU! EU SOU! A ressurreição e a vida de toda a paz e proteção, felicidade e provisão ilimitada do ascensionado Jesus Cristo, de todas as coisas boas que uma vez eu conheci e tive com o Pai, antes de o mundo existir, manifestadas aqui e agora hoje! (3x)

E com completa fé, eu conscientemente aceito este fato manifestado para mim aqui e agora, com todo o poder! AMÉM! AMÉM! AMÉM! AMÉM!

Cruz de Chama Azul

Amada e poderosa magna presença EU SOU em mim, ANIQUILES (3x) todo medo e limitação de toda índole em mim e em meu mundo, e DISSOLVAS (3X) agora mesmo e para sempre sua causa, núcleo, efeito, registro e memória.

O que invoco para mim mesmo o invoco também para todos os lugares e para todas as pessoas que pertencem às evoluções da Terra que ainda não tenham ascendido. Assim o decretamos e aceitamos como já realizado, eternamente mantido, poderosamente ativo e sempre em expansão no mais sagrado nome do Deus EU SOU.

Assim seja. Assim é e assim sempre será.

Selo nos quatro quadrantes e nas quatro direções da Terra e do Universo com quatro améns.

Decreto para Liberar Implantes e Dispositivos Cármicos

Em nome e com a autoridade da minha poderosa presença EU SOU, do meu Santo Ser Crístico Interno, decreto a liberação de implantes e dispositivos cármicos implantados. EU, (*fale seu nome de batismo*), como ser multidimensional que Sou e conectado totalmente com a presença EU SOU, com a ajuda e assistência de todos os meus guias, mestres e seres de luz que me acompanham, neste momento, agora, rescindo qualquer pacto ou voto que haja feito para cair na ilusão da dualidade e da inconsciência humana.

Pela Lei da Graça Divina e pelo Decreto da Vitória, como portador da luz para minha linhagem genética, rompo agora todos esses pactos ou votos para mim e para todos os meus ancestrais e descendentes.

Pela Lei da Graça Divina e pelo Decreto da Vitória, declaro nulos esses pactos ou votos nesta encarnação e em todas as encarnações, e ao largo do tempo e do espaço, das realidades paralelas, dos universos paralelos e de todos os Universos e dimensões existentes, das realidades alternativas, de todos os sistemas de mundos da Fonte Divina e Eterna e de todas as dimensões em que meu ser possa ter ou haja existido.

Pela Lei da Graça Divina e pelo Decreto da Vitória, pela imediata libertação de todos os implantes e dispositivos limitantes de todo tipo, quer sejam conhecidos ou desconhecidos, qualquer selo negativo, abduções e possessões de qualquer espécie, ataques de seres voadores, ataques psíquicos e/ou emocionais, encantamentos e maldições, que sejam quebrados agora. Formas de pensamento ou egrégoras negativas, bloqueios energéticos de qualquer tipo, subtração de energias, todo e qualquer véu, memórias de minhas células, quadros da realidade virtual, limitações genéticas, todo tipo de memória de doenças, sofrimentos e da ilusão da morte AGORA E IMEDIATAMENTE E PARA SEMPRE.

Pela Lei da Eterna e Divina Graça e pelo Decreto da Vitória, peço ainda pela Lei da Eterna e Divina Graça e pelo Decreto da Vitória, pela Lei da Eterna e Divina Graça e pelo Decreto da Vitória, chamo a todos os seres de luz e a todas as legiões de anjos da Chama Violeta para que me ajudem a transformar todas as experiências em luz, amor divino e compaixão divina, e enviá-las de retorno à Fonte Divina.

Pela Lei da Eterna e Divina Graça e pelo Decreto da Vitória, peço ainda pela Lei da Eterna e Divina Graça e pelo Decreto da Vitória, pela Lei da Eterna e Divina Graça e pelo Decreto da Vitória, apelo humildemente que eu possa adquirir todo o conhecimento e entendimento de todas estas experiências do meu SER e enviá-las de regresso à Fonte Divina.

De acordo com a vontade do ESPÍRITO, peço o despertar para eu ser LIVRE. (3x)

No começo e como o ser eterno que eu sou: EU SOU O QUE EU SOU.

Proteção de Cruz de Chama Azul

Pode ser utilizada para a proteção e para silenciar e manter inativas as forças destrutivas.

Amada presença de Deus EU SOU em nós e amado Arcanjo Miguel... nós os amamos!

Amado senhor Miguel, envia teus anjos com as espadas de Chama Azul para que...

CORTEM E LIBEREM (9x)

...a todos que estejam sob esta radiação da promessa e juramento e, especialmente, à geração jovem e seus pais; aos nossos veículos físicos, etéricos, mentais e emocionais; às nossas auras, mundos, atividades e assuntos, de tudo que não seja da luz dentro, através e ao redor de nós... ou dirigido contra nós.

Amada presença de Deus EU SOU em nós e amado arcanjo Miguel, nós os amamos!

CORTEM E LIBEREM (9x)

...de toda linha de força que nos conecte com a imperfeição que seja, e envia tua Chama Azul para DISSOLVER cada linha de força negativa até o final!

Coloca tua cruz de Chama Azul a nossa frente... atrás de nós... em cada lado de nós... acima e abaixo e dentro de nós... e...

SELA-NOS (9x)

...dentro de tua cruz de Chama Azul AGORA E PARA SEMPRE! Assim o decretamos no mais sagrado nome de Deus... EU SOU!

Cruz de Chama Azul

Amada magna presença EU SOU em mim, ANIQUILA (3x) todo medo e limitação de toda índole em mim e em meu mundo, e DISSOLVE (3x) AGORA MESMO e PARA SEMPRE sua causa, núcleo, efeito, registro e memória.

Proteção Divina

Eu sempre estarei totalmente protegido, porque a presença e a face divina estão dentro de mim. A luz de Deus me mantém e me rodeia, então eu não devo temer.

Amado São Miguel Arcanjo, da fé e proteção, livra-me de todo perigo que possa estar prestes a sofrer e, com sua divina Espada de Luz Fulgurante, ordene que nenhuma energia negativa se aproxime de mim.

Selamento deste Decreto

O que invocamos para nós mesmos o invocamos também para todos os lugares e para todas aquelas pessoas que pertencem às evoluções da Terra que não tenham ascendido ainda. Assim, o decretamos e aceitamos como já realizado, eternamente sustentado, poderosamente ativo e sempre na expansão do mais sagrado nome de Deus EU SOU.

Afirmação de Fé

EU SOU, EU SOU, EU SOU envolvido pela Luz Superior (3x) e a emano para toda vida senciente, hoje, neste instante e por toda a eternidade.

EU SOU, EU SOU, EU SOU envolvido pelo Amor Infinito (3x) e o emano para toda vida senciente, hoje, neste instante e por toda a eternidade.

EU SOU, EU SOU, EU SOU envolvido pela Compaixão Divina (3x) e a emano para toda vida senciente, hoje, neste instante e por toda a eternidade.

EU SOU, EU SOU, EU SOU envolvido pela Misericórdia Divina (3x) e a emano para toda vida senciente, hoje, neste instante e por toda a eternidade.

EU SOU, EU SOU, EU SOU envolvido pela Piedade Divina (3x) e a emano para toda vida senciente, hoje, neste instante e por toda a eternidade.

EU SOU, EU SOU, EU SOU envolvido pela Abundância Divina (3x) e a emano para toda vida senciente, hoje, neste instante e por toda a eternidade.

E, em nome da Luz imorredoura que habita em meu ser, Selo, Selo, Selo, Selo nas quatro direções. Assim foi, é e sempre será.

2º RAIO

Mestre regente: Kuthumi

Cor: Amarelo

Atributos: Iluminação, iluminação da consciência, sabedoria, constância, expansão, iniciação, o verdadeiro psíquico. Ancora a sabedoria do Criador pela incorporação do amor. Prepara as almas para a aceitação da consciência de Cristo. O segundo raio é reconhecido como uma escola espiritual especial, que promove o desenvolvimento nessa área.

Dia: Segunda-feira

Arcanjo: Jofiel

Elohim: Cassiopeia e Minerva

Na luz da imensidão divina, devemos arranjar um lampião à prova de vento. Deixar, assim, a coroa da vida estar sobre nós, à espera de descer quando for posta de lado a consciência terrena. A coroa da vida eterna.

Horas e dias são oportunidades de tempo e espaço para recuperar a semente da sabedoria, pois se o homem, por exemplo, recebe um tipo de brusquidão de alguém que por acaso na Terra seja superior, imediatamente ocorre um desafio: "Como esta pessoa ousa vir a mim e me dizer isso ou aquilo? Quem pensa que é?". Este é o orgulho que regularmente é testado e deve ser vencido para que a consciência se eleve. O orgulho antecede à queda e ele faz cada um tropeçar.[7]

De acordo com o livro *Pearls of Wisdom*,[8] o orgulho inclui mais de 30 comportamentos, entre os quais: 1. não admitir o próprio erro; 2. querer ter sempre razão; 3. falar aos outros com superioridade ou paternalismo; 4. ter um sentimento de presunção; 5. diminuir a si mesmo ou aos outros; 6. achar-se melhor que os outros; 7. vangloriar-se; 8. colher honra sem merecê-la ou aproveitar-se do trabalho dos outros; 9. autoenaltecimento; 10. manipulação dos outros com objetivos pessoais; 11. querer controlar as situações e não partilhar responsabilidades; 12. querer ser sempre o centro das atenções; 13. ter atitude de desdém e menosprezo; 14. olhar

---

7. Provérbios (16:18).
8. Volume 48, 2005.

para os outros com superioridade; 15. ser vaidoso, olhar-se muito no espelho; 16. exibir os próprios talentos, roupas, dinheiro ou o físico; 17. não permitir que outros o ajudem; 18. chamar a atenção para si mesmo; 19. falar demais ou falar constantemente sobre si mesmo; 20. ofender-se com facilidade.

Não significa que se deva trocar o orgulho pela ousadia perante o mundo, mas sim que, na vibração deste Raio Cósmico, deve-se ser humilde perante Deus. Caminhando nesta senda, espera-se, mais cedo ou mais tarde, pelo inesperado: ser censurado. E, embora bem-intencionado, pode ocorrer a falha, a única hora em que se necessita da correção, pois pensa estar fazendo a coisa certa, quando está se fazendo a coisa errada: reação.

Como um poderoso tecelão antigo, pode-se tecer a veste inconsútil de luz da sabedoria e do amor, quando o Criador traz sua atenção sobre o homem e compete radiantes raios descendentes de fragmentos cintilantes de pureza e felicidade em direção à Terra e ao coração de cada um. Enquanto isso, se elevam as ternas aspirações e esperanças dos homens, assim como suas invocações, seus decretos e chamados pedindo ajuda, a fim de buscar a Divindade em seu poder, o abrigo de pureza cósmica.

Esta chama da iluminação flamejante, vibrante, consumidora, que concede vida, é aquela que se movimenta e exige que cada um movimente-se com ela sempre nas dimensões do Cosmo.

A seguir, conheça os decretos e as invocações do Raio Amarelo.

Saudação ao Grande Sol

Visualize-se envolto em um ovoide de luz que sela seu corpo físico, possibilitando a ligação da consciência humana à consciência crística por intermédio de uma ponte. Isso é reforçado quando se utiliza o seguinte decreto:

Ó poderosa presença de Deus, EU SOU, no Grande Sol e além dele, que a tua luz que abarca todo este orbe, seja bem-vinda agora à minha vida e ao meu pensamento, ao meu espírito e à minha alma!

Irradia e faz resplandecer mais e mais a tua suprema luz!

Rompe as algemas das trevas, da ignorância e da superstição!

Preenche-me agora com a excelsa pureza do teu imenso resplendor de fogo ígneo branco!

EU SOU o teu filho e a cada dia mais e mais, aumenta em mim tua manifestação.

Amém.

Decreto para Abençoar a Vida

Em nome e com autoridade de nossa poderosa presença divina EU SOU e dos amados e grandes HÉLIOS e VESTA, apelamos ao poder da luz do Grande Sol Central.

Conservai a substância eletrônica do Universo abrigada em uma couraça de amor invulnerável, pura e sem mácula, seja qual for o canal que esteja abastecendo, para que ela sempre possa irradiar a perfeição.

Todas as dádivas nela contidas devem desenvolver-se na ordem divina para abençoar a vida.

Assim seja!

Decreto da Sabedoria Divina em Ação

Ó, divino Raio Amarelo da Sabedoria Divina, em nome da minha essência sagrada que habita em meu coração, da minha magna Presença EU SOU em mim, decreto aqui e agora, pela força dos quatro elementos, do Fogo, do Ar, da Água e da Terra, que entre, me penetre, me envolva completamente. Ative em mim o Poder Divino da chama amarela, a fim de que me permita ser sempre calmo e sereno e, assim, manifestar a Sabedoria Divina resplandecente em qualquer ato, pensamento ou palavra, por meu intermédio. Assim seja, assim e assim sempre será.

Amém. Amém. Amém. Amém.

Ativação, Equilíbrio e Alinhamento – Alfa e Ômega

Visualize-se segurando a poderosa tocha da iluminação, e decrete:

EU SOU, EU SOU, EU SOU a plena liberdade aqui e agora. (9x)

Decreto da Iluminação

Amado Santo Cristo Pessoal em mim, amada e divina Presença EU SOU, vos amo e vos adoro. Invoco aqui e agora que a Chama Dourada do Cristo Cósmico, do amor e da iluminação envolva meus quatro corpos inferiores neste instante, corpo etérico, mental e emocional, e decreto:

Eu Sou a iluminação e a sabedoria divina que me conduzem em tudo o que faço e realizo na vida. Ouço minha voz interior, compreendo e abençoo tudo e a todos que eu contatar neste dia.

Pois Eu Sou um ser divino e, como tal, tenho a herança divina como filho(a) do eterno Pai Criador.

Assim seja. Assim é aqui e agora. Assim sempre será.

Amém! Amém! Amém! Amém!

Invocação ao Mestre Kuthumi

Bem-amado Mestre Ascenso Kuthumi e irmãos dos mantos dourados, vos amo e bendigo este momento em que vos dou graças por vosso grande serviço a mim e a toda a humanidade. Peço que permitais que tua divina sabedoria, tua divina paz e teu divino coração de compreensão infinita me envolvam em meus quatro corpos inferiores e que, desta forma, possa eu, (*fale seu nome de batismo*), compreender sempre e mais os meus irmãos e irmãs aqui na Terra e, quando necessitarem, possa lhes conceder auxílio amoroso.

Eu vos agradeço por esta concessão.

Amém! Amém! Amém! Amém!

Invocação ao Arcanjo Jofiel

Bem-amado Arcanjo Jofiel e toda a hoste de arcanjos que servem juntos em serviço sagrado, eu vos amo e vos abençoo e agradeço infinitamente por teus divinos serviços prestados a mim e a toda a humanidade. Peço, humildemente, que me preencha com teus sentimentos do poder de Deus dentro do meu coração, para que tenha a capacidade de dominar todas as circunstâncias externas que enfrento nesta vida, pela força e pelo poder da Luz, e rogo que, como professor, me ensine a externalizar as ideias divinas com sabedoria, que chegam até meu coração para que as faça frutificar aqui na Terra. Assim seja.

Amém! Amém! Amém! Amém!

Invocação ao Amado Elohim Cassiopeia

Bem-amado Cassiopeia, Elohim da Sabedoria Divina, eu vos amo e abençoo por tudo quanto significas para nosso planeta Terra e a humanidade. Permita que, pelo fluir das energias do Raio Amarelo, possa contemplar a mim, (*fale seu nome de batismo*), o plano divino e os desígnios divinos para minha corrente de vida, a fim de que possa cumprir a Santa Vontade de Deus, o fazendo com as ideias superiores que vêm a minha mente e coração, revelando somente a verdade. Ajuda-me, Ó Divino Ser, a persistir na ciência da precipitação e a manifestar também, todos os dias, a ideia recebida do Pai Divino e conscientemente a externalize. Eu vos agradeço.

Assim seja. Amém! Amém! Amém! Amém!

Apelo ao Arcanjo Jofiel[9]

Em nome de nossa Presença Divina EU SOU e com sua autoridade, apelamos a vós, bem-amados Arcanjo Jofiel e Constância, vosso complemento divino, para auxiliar-nos a divisar a ideia divina que se encontra na Chama Crística de nossos corações.

Avivai a luz interna da Chama Dourada da iluminação e transpassai, transpassai, transpassai nossos corpos físico, etérico, emocional e mental com a penetrante luz dourada da Sabedoria Divina, abrindo-nos o caminho do conhecimento para que executemos todas as nossas tarefas com perfeição. Selai-nos na luz de vossos corações.

Agradecemos vosso serviço prestado a toda a humanidade.

(Ao fazer este apelo, visualize-se dentro de um pilar de Chama Dourada.)

---

9. Do livro *Invocação à Luz* (Ponte para a Liberdade, 2001).

Petição aos Amados Kuthumi e Lanto[10]

Em nome da Presença Divina EU SOU e com a força magnética do Fogo Sagrado em nós ancorado, chamamos por vós, amada Mãe Maria, Jesus e Kuthumi, e a vós, grandes seres que vos dedicais à orientação da juventude.

Irradiai a Divina Luz em todas as crianças e jovens deste planeta Terra para a garantia da perfeição.

Enviai a cada um deles um anjo para que sejam carregados com pureza, equilíbrio, conhecimento, tolerância, discernimento e com tudo o que for necessário para se encontrar a verdade e entrar no caminho da luz.

Nós pedimos proteção reforçada para cada ser humano que se encontre na Terra em missão especial para a expansão da luz.

Nós vos agradecemos.

---

10. Do livro *Serviço à Luz, Ponte para a Luz.*

3º RAIO

Mestres Ascensos: Lady Rowena e Paulo, o Veneziano

Cor: Rosa

Atributos: Amor divino e sublime, adaptação, desenvolvimento, criatividade, inteligência, compreensão, transfiguração do amor divino, unidade, reverência por toda a vida e tolerância. Auxilia no domínio e na clareza da mente e também na expressão do amor por meio de formas-pensamento para manifestar a energia do Criador na Terra.

Dia: Terça-feira

Arcanjos: Chamuel e Caridade

Elohim: Órion e Angélica

Este é o momento de você saber sobre o Anjo da Escuta, que serve neste raio divino. As preces, as orações e os pleitos que todos fazem são ouvidos por ele e levados ao coração do Pai.

Orar sem cessar, diligentemente[11] – pois a vida é uma prece viva, observada constantemente por esse anjo –, e um bom relatório certamente agradam ao nosso Pai.

Ser ousado, confiante, pois o Pai está verdadeiramente conosco, quando nos determinamos a atar todos os que escravizam a estirpe dos portadores de luz.

Para que se possa melhorar a emanação de luz rosa do chacra do coração, temos que amar com toda força e entendimento pela chama que palpita em nosso coração, reconhecendo como sendo a luz do coração de Deus.

Decreto e Invocação dos Anjos de Luz

Ó vinho do perdão, corpo abençoado do Senhor, que a tua expiação se manifeste dentro de nós, para que sejamos cálices apropriados para a palavra divina. Depura a célula de nossas consciências. Purifica-as com o fogo cristalino, com o amor fervoroso de nossos corações.

---

11. Tessalonicenses (5:17).

Pedimos que o fogo das células se expanda e consuma toda calcificação existente de medo, dúvida e ausência de teu perfeito amor. Chama invencível do amor perfeito, vem agora em nome da Poderosa Presença EU SOU de cada um de nós. Que esse teu Amor perfeito expulse todo medo que possa existir.

Deus Pai/Mãe, Filho e Espírito Santo, que a alegria da chama da vida que arde no coração de teus filhos elimine agora a morte e o moribundo.

Ó, chama da alegria da vida eterna; ó, vida eterna do coração de Alfa e Ômega, que a vida, aperfeiçoada pelo amor, conquiste a vitória nestes corações flamejantes.

Invocamos agora os sete arcanjos poderosos mensageiros do Divino Pai. Invocamos os anjos dos cinco raios secretos. Invocamos as poderosas legiões de Luz.

Agora, na unidade do amor, que este corpo místico de Deus seja considerado uma oferta aceita pelo Senhor neste altar. Arcanjos dos céus, aperfeiçoai estes cálices; arcanjos, vinde todos agora para a celebração dos sete raios nos sete corpos do homem e da mulher.

Grandes corpos causais das nossas chamas gêmeas, manifestai agora a vitória. Ó, grandes corpos causais das nossas chamas gêmeas, manifestai agora a vitória. Ó, grandes corpos causais das nossas chamas gêmeas, manifestai agora a vitória.[12]

Assim seja. Assim é. Assim sempre será.

Amém. Amém. Amém. Amém.

O Marco Divisório do Caminho

Em nome da Todo-Poderosa Presença Divina EU SOU em mim e em todos os seres humanos não ascensos, em nome do meu Santo Cristo interior, em nome das 70 irmandades brancas que servem a este Universo. Pelo poder da chama que arde em nossos corações nos princípios do poder, da sabedoria e do amor divinos, pela força dos cinco elementos, Fogo, Ar, Terra, Água e Éter, eu, (*fale seu nome de batismo*), DECRETO aqui e agora:

---

12. *Pearls of Wisdom*, vol. 44, n. 5, 2001.

Bem-vindos, amados Mestres dos Mantos Amarelos
Senhores que nos brindam com o terceiro raio celestial
Maravilhosos sois, divinos mestres
Vem, amor
Vêm, maravilhosos guias e professores
Vem, amor divino, divino amor
aqui e agora.
Toma meu coração
Pois tudo vos dou
E vos prometo, meus amados
Prometo um verdadeiro e divino amor
Ah, divino amor, amor divino.
Ah, tanto amor divino
Com nuvens de raio incandescente rosa e dourado
Ah, tanto amor divino.
Vinde, raios e chamas vivas de amor
Descei agora sobre este local, sobre nós
Ah, amor divino, divino amor.
Agora vede, irmãos e irmãs
Anjos das chamas vidas de eterno amor
Expanda, expanda, expanda este amor
Este amor expanda, expanda, expanda.
Por todos os divinos anjos e santos dos céus
Por todos os divinos anjos e santos dos céus
Seres maravilhosos e encantadores, expandi este amor.
Amados e iluminados seres de luz
Seja o divino amor o marco divisório do caminho
Para a vinda e chegada do divino Espírito Santo
Ó, Senhor Maha Chohan, abençoe este dia
Para que venham excelsos seres maravilhosos.
Seja o divino amor o marco divisório do caminho
Seja o divino amor o marco divisório do caminho
Ó, amor divino sublime
Ó, amor divino sublime.
Agora, vinde, vinde, vinde, legiões de mundos distantes

Vinde agora, vinde agora, divinos cavaleiros dos tempos remotos
Trazendo e mantendo a divina tocha do amor sagrado
Trazendo e mantendo acesas as chamas vindas do amor sagrado
Amor de Cristo divino, vivente lá do alto
Que ama todas as coisas de seu divino Pai
Aos caminhos e sendas pelas quais caminhastes.
Sejamos uno nesta essência maravilhosa
Unidos com os divinos senhores da sabedoria
Nos iluminando agora e a todo dia
Para compreendermos e sabermos a hora de voltar.

Apelo Grande Chama Poderosa do Amor Divino

Ó, amada e Divina Presença EU SOU em mim e em todos os seres humanos não ascensos, eu vos amo e vos adoro. Ó, Grande Chama Poderosa do Amor Divino dentro do meu coração, neste momento, eu (*fale seu nome de batismo*) vos envio meu amor e adoração contínuos e ao Grande Deus do Universo e aos seus amados mensageiros celestiais. Eu envio o amor para a vida em todos os lugares. Abençoo toda a vida que contatar hoje com minhas palavras, pensamentos e ações, sem criticar, condenar ou realizar qualquer julgamento neste dia.

Que neste momento possa levar a bênção do EU SOU como reconforto para toda a vida senciente e em todos os lugares.

Eu vos agradeço.

Decreto para o Amor

Eu envolvo (*diga o nome da pessoa que você ama*) no meu caminho de amor, e peço aos arcanjos que a distância entre (*diga o nome do ente querido*) e eu cesse e que todas as diferenças que existem em nós se tornem verdade, amor perfeito e pureza absoluta.

Declaro hoje que o verdadeiro amor entrará na minha vida, e eu, pela minha parte, estou pronto, pronto e pronto para recebê-lo com infinita alegria e amor.

Assim seja. Assim é. Assim sempre será. Amém!

Decreto da Chama Divina do Amor

Amada e poderosa presença de Deus EU SOU em mim, em nome do Santo Cristo interior, em nome de todos os guardiões de seus irmãos e da Chama Sagrada que brilha refulgente em cada coração humano, eu, (*fale seu nome de batismo*), pela força dos cinco elementos, Fogo, Água, Terra, Ar e Éter, e por seus poderosos regentes, decreto, aqui e agora, que seja ancorada, sobre todos os seres viventes, a luz do amor incondicional, amplificando a pétala correspondente da Chama Trina, e que, pelo poder magnético investido em mim, qualifico o despertar pleno da Chama do Destemor para:

Acabar com toda dúvida e medo. (3x)
Sejam todos banhados com a Chama do Destemor.
Elimine toda dúvida e todo medo (3x)
Libere toda a origem, causa e núcleos
Pela força do Amor Divino refulgente.
Cessem toda dúvida e todo medo (3x)
Para que mantenhamos a força divina da vitória.
Que somente a alegria prevaleça
Eliminando toda a destruição e tristeza
Pois o amor é a fonte de toda beleza
Onde estão a dúvida e o medo?
Assim seja. Assim é. Assim sempre será.
Amém. Amém. Amém. Amém.

A Cura do Coração

Pela luz da glorificação humana na consciência divina, pelo poder dos divinos Elohim das Sete Chamas Sagradas, em nome da Divina Essência Imaculada EU SOU em meu ser, pela força e poder da luz superluminal, em nome de todo Espírito da Grande Irmandade Branca e seus complementos divinos, em nome da Chama Trina que refulge em meu coração e no coração de todos os guardiões de seus irmãos e das chamas, em nome dos cinco elementos, Fogo, Água, Terra, Ar e Éter, e seus respectivos seres regentes, eu, (*fale seu nome de batismo*), aqui, agora, neste exato momento, decreto:

Que prevaleça o fogo branco em cada coração humano;
Que prevaleça o Fogo Sagrado da Luz Vivente em cada alma;
Que se estabeleça, pelos Mestres Curadores, a cura do coração;
Que se estabeleça também a cura da câmara secreta do coração;
Seja limpa agora, pelos Grandes Mestres Espirituais do 3º Raio;
Pelas escovas de raios irisados de luz, surgindo, se misturando e tecendo;
Permita, Divino Pai, que o coração da Mãe Divina
Envie neste momento o cordão umbilical a todos os filhos e filhas
de Deus;
Liberando agora, liberando agora, liberando agora, a substância
sagrada do amor divino
que desce do sagrado coração de Alfa e Ômega no Grande Sol Central;
Trazendo, ó abençoados de Deus, passar da tristeza para a alegria;
Do vazio para a plenitude, do sentimento de separação para a fusão;
E que a pureza da Mãe ancorada na base da Chama Trina
Seja a unidade que revela a substância eterna do amor incondicional.
Assim seja. Assim é. Assim sempre será.
Amém. Amém. Amém. Amém.

Relâmpagos de Chama do Amor Sublime

Pelo poder, pela sabedoria e pelo amor que arde em meu coração, em nome da consciência divina de todos os guardiões de seus irmãos na Terra e da chama sagrada e eterna, em nome da Divina Presença de Deus EU SOU de todos os Mestres Ascensos e não ascensos da Grande Fraternidade Branca e de todos os discípulos operando neste orbe planetário e rumo à libertação final, pela força dos cinco elementos, Fogo, Ar, Água, Terra e Éter, e de seus respectivos regentes, pela glória do bem-amado Jesus, o Cristo, Mãe Maria, Mestra Rowena, Arcanjo Chamuel e Caridade, eu, (*fale seu nome de batismo*), agora, neste momento, invoco a espada vivente de Luz Rosa, e decreto:

Fogo de Deus, desce! Serafins divinos, vêm!
Purifica todos nossos chacras e, em especial, o do coração
Seja consumido todo orgulho, vaidade, arrogância, ego
Com raios rosa intensificai e implantai cones luminosos

Vem! Vem! Vem! Vem! Vem! Vem! Vem!
Poderosos seres majestosos, purificai
Nossas células, moléculas e átomos de nosso ser
Para sermos permanentes na Luz Eterna.
Serafins gloriosos e divinos que sois
Desçam, desçam, desçam agora imediatamente
Limpai-nos, purificai-nos para nossa missão
Para a nossa vitória, para a iluminação total.
Raios de relâmpagos Rosa Sublime
Raios de relâmpagos Rosa Sublime
Raios de relâmpagos Rosa Sublime.
Resplandeça agora a ação do Grande Sol Central
Avançai agora sublimes seres de luz
Vinde, Chamuel e Caridade, no esplendor de suas glórias
Fazendo resplandecer mais e mais esse brilho maior.
Descarregai, descarrregai, descarregai relâmpagos Rosa Sublime
Estilhaçai, estilhaçai, estilhaçai a dor, o medo, a dúvida
Estilhaçai, estilhaçai, estilhaçai a consciência humana
Abre já o caminho, aqui, agora e para frente.
Divinos arcanjos do terceiro Raio de Luz
Trazei o unguento curador do sangue de Cristo
Do Fogo Rosa e Rubi com sua ação no coração da Terra
Penetrai, descargas de relâmpagos Rosa Sublime
Vinde, Querubins Divinos, poderosos seres
Querubins de Deus, avançai através desta companhia
Chamuel e Caridade, intensificai e completai
A ação das varas e cones dentro dos átomos e células do ser.
Deus Pai, Deus Mãe, Deus Filho e Deus Espírito Santo
Ó, Santo dos Santos, elevai-vos agora no raio Rosa Sublime
Elevai-vos agora, Chamuel e Caridade
Marcando os templos viventes que somos
Como templos do Fogo Sagrado do amor.
Selamos agora estes templos na Chama Rosa Sublime
Que resplandeça o relâmpago Rosa da mente de Deus
Que resplandeça o relâmpago Rosa da mente de Deus

Que resplandeça o relâmpago Rosa da mente de Deus.
Inspirai o sopro do Fogo Divino
Inspirai o sopro do Fogo Divino
Inspirai o sopro de Fogo Divino
(*inspire e expire suavemente – pequena pausa*)
Que os lírios dos portadores de luz floresçam
Que a sua fragrância seja conhecida agora, Senhor
Elevando-nos à plenitude do que realmente somos
Saudando as legiões de Chamuel e Caridade
Está selado. Está consumado. Selando agora no divino amor dentro de nós, aceitamos conscientemente essa energia sublime, para que surja a Alvorada Eterna. Assim seja. Assim é. Assim sempre será.
Amém! Amém! Amém! Amém!

Irradiação do Puro Amor Divino[13]

Em nome da nossa Poderosa Presença EU SOU e das amadas Mestras Rowena e Nada, Arcanjo Chamuel e Elohim Órion, apelamos pela Chama Rosa do Amor Divino e pedimos:

Flamejai a abençoada e harmoniosa irradiação do puro amor divino, contido em cada vida que nos cerca, e envolvei toda Terra e toda a humanidade nesta irradiação, até que todas as pessoas possam ser um radiante foco de luz desta virtude divina.

EU SOU o poder do puro amor divino que dirige tudo que acontece na Terra até a sua perfeição. (3x)

Assim seja.

---

13. Do livro *Serviço à Luz, Ponte para a Luz*.

Para Assumir a Ordem do Ser Exterior

Em nome de nossa Divina Presença EU SOU e com a força magnética que está ancorada no Fogo Sagrado em nossos corações, pedimos a vós, oh excelsos seres e anjos do amor divino, que intercedam em favor das crianças e dos jovens da Terra, para que eles assumam a Ordem em seu ser exterior, assumam a Ordem em seu ser exterior, assumam a Ordem em seu ser exterior.

Amado Senhor Divino, divinos mestres Jesus Cristo, Maha Chohan e Rowena:

Envolvei todas as crianças e jovens com o vosso amor cósmico.

Nós, honrados, externamos nossa eterna gratidão.

Apelo à Chama Rosa

Em nome e com a autoridade da Amada Presença EU SOU em mim e em todos os guardiões da Chama Sagrada deste mundo, bem-amada Mestra Rowena, Arcanjos Chamuel e Caridade, vosso complemento divino, Elohim Órion e Angélica, e todos os seres de luz que servem ao Raio do Amor Divino, ensina-nos agora a amar como verdadeiramente amais.

Ensina-nos a expressar nossos mais puros sentimentos de gratidão e de amor para com toda a humanidade, preparando-a para a grande mudança cósmica, para que tenhamos um lar feliz, amoroso e harmônico a partir de então.

Bem-amado Pai Celeste Divino e anjos do amor, ajuda-nos a amar livremente toda a vida da mesma forma que o Filho, Mestre Jesus Cristo.

Flamejai, flamejai, flamejai, a Chama Rosa do Puro Amor Divino por intermédio de nossos quatro corpos inferiores, aliviando nossos fardos pela lei da compensação e elevando-nos à Luz.

Por Deus, o imensurável Amor Universal, EU SOU, EU SOU, EU SOU!

4º RAIO

Mestre Ascenso: Seraphis Bey

Cor: Branco

Atributos: Expressão, artes, harmonia por meio do conflito, beleza, pureza, esperança, restauração, ressurreição, ascensão e o conceito imaculado, beleza, equilíbrio. Ancora a energia da paz, tranquilidade. Auxilia no acesso às habilidades artísticas e criativas e na expressão da alma de forma criativa para revelar a beleza interior.

Dia: Quarta-feira

Arcanjo: Gabriel

Elohim: Claire

Como uma pequena semente de luz, o Espírito Santo entra no coração da Terra, na densidade da matéria, para que possa se expandir por intermédio das células da forma e do ser, do pensamento e da percepção para tornar-se uma gnose e um esplendor no cálice da consciência. Este Santo Graal de substância imortal pode não ser reconhecido por muitos que passam, mas, para muitos outros, ele será percebido cintilando atrás do véu. Irradiando luz da pureza divina, que transcende a concepção mortal e o revigorante frescor da manhã da eternidade, ele vitaliza cada momento com a felicidade divina, que o homem reconhece por intermédio das infinitas percepções delineadas como fragmentos no cálice de sua própria consciência, onde a paz se estabelece.[14]

O domínio da Grande Fraternidade Branca, tendo determinado o fim de todas as ilusões humanas, estabelece o término da guerra, da luta e da violência, substituindo tudo isso no mundo da forma pelo desejo do valor no coração da humanidade. Todos os que buscam a excelência de Deus se expressarão de acordo com sua excelência todos os dias da semana.

Assim, repetidamente, ao longo dos dias e meses do ano, surge a cada pedra de imaculada perfeição no Templo de Deus, até que ele esteja de pé como uma réplica cinzelada sem mãos,[15] brilhando na perfeita imagem

---

14. *The Master and their Retreats* (Summit University, 2003, p. 244-249).

15. 2 Coríntios (5:1).

de seu Criador. No domínio da consciência crística, essas são pedras brancas, nas quais um dia existiram as trevas do mundo, mas que agora só exprimem a luz maravilhosa e cristalina de Cristo.

Nesta grande pirâmide, amados, está acesa a chama universal da perfeição, a verdadeira ilíada da perfeição. Todos os desígnios do homem, desvanecendo como uma névoa, desaparecem da Terra; por fim, permanece a vestimenta dos santos, as vestes do Senhor.

Maximizemos a Luz da Mãe dentro de nós. O fogo branco da Mãe e as dimensões da geometria do 4º Raio e do cubo branco da Mãe.

Ao contrário, uma perversão deste raio e do núcleo do átomo leva à destruição.

Decreto do Espírito Santo

Quando estiver em uma encruzilhada da vida, pare um momento antes de tomar uma decisão. Pense no Espírito Santo e simplesmente diga:

Vem, Espírito Santo, ilumina-me.

(3x, 9x ou múltiplos – como seu coração sentir...)

Elevação do Ser

Em silêncio, em nossos corações
Rogamos a Deus pelas graças
Para que todos acima das raças
Busquem fazer reinar a paz nas ações.
Sigamos em frente e para cima
Atendendo à divina convocação
Busquemos a verdade que liberta e sublima
Pois somente ela é a base da libertação.
Amado Senhor, razão de nosso existir
O Início e o Tudo, o que começa e termina
No teu sagrado linimento possamos crescer
Para sermos a expressão de Verbos na Ordem Divina.
Pelo cumprimento de tua Palavra Vivente
Jamais a partir de então seja ausente

No interior de cada um aquela voz silente
Que com amor ensina, orienta e não mente.
Cada um é preenchido dessa substância
Para que o rio da vida flua abundantemente
Trazendo e levando onde passa a constância
Deixando o significado do ser livremente.
Na postura ereta de um soldado
Com bravura e destemor neste estado
Age quando precisa com austeridade
Não perdendo o sentido de irmandade.
Desta forma, com ação empreendedora
Faz sua parte e solidifica a força da união
De homens de boa vontade e compreensão
Sabendo que a Voz Eterna é nutridora
Da esperança, da fé e da caridade
Emergindo dos vales da integridade
Fazendo-se nascer como em manjedoura
Para crescer então em Luz corregedora.
Quando se sublima o desejo da matéria
Externando essa vontade superior
Então a vitória chega, está certa
Recebemos os louros da coroação superior.
Exaltemos o Eterno, onde está nas alturas
Sabendo que lá chegaremos quando terminar
O trabalho na Terra com todas as agruras
Liberdade se nos dá para se elevar.
Mas para tanto, cumpramos o mandamento
Amar ao Senhor sobre todas as coisas, sim,
Sejamos expressão do amor divino em andamento
Amando ao próximo, como a nós mesmos, enfim.
Amar é a primeira lição a aprender
Aprendendo que nos liberta de Mara
Incondicionalmente sem barreiras a ver
Campos do Senhor que a tanto esperava.

Ovoide de Luz Branca Flamejante

Com o pleno poder e autoridade da amada Presença de Deus EU SOU em mim, amado Elohim da Pureza, eu te amo, te abençoo e te agradeço por seu grande serviço por mim e toda a humanidade. SELA-ME (3x) a mim e a toda a humanidade em seu ovoide de luz branca flamejante, que desvia toda corrente de energia que diminui a ação vibratória de meus veículos internos! Decreto e declaro que a pureza dentro de cada elétron em minha aura, sentimentos, mente, veículo físico e etérico agora se EXPANDE (3x) e IMEDIATAMENTE desaparece tudo o que constitui uma limitação ou sombra em meu mundo! Aceito este chamado como JÁ REALIZADO, aqui e agora e instantaneamente... No santíssimo nome de Deus EU SOU.

Amém. Amém. Amém. Amém.

Apelo ao Elohim da Pureza[16]

EU SOU, EU SOU, EU SOU a pureza viva que respira, os elétrons que vivem no interior e no centro dos átomos que compõem meu corpo físico. Eu estou vivo em todas as células do corpo, movendo-se ao redor do núcleo central de cada átomo carnal. EU SOU A VIDA.

EU SOU a Luz Eletrônica da Pureza que respira em meu corpo mental. EU SOU a chama viva e respirante da Luz Pura que invoco no oceano do meu mundo emocional. EU SOU a Luz Eletrônica dentro de cada célula do meu corpo etérico, para purificar os traços de impureza; e agora estou expandindo minha pureza do centro de cada célula e átomo de meus quatro corpos inferiores. EXPANDINDO (3x) minha verdadeira natureza, que é a purificação desta Terra, tudo o que está nela, dentro dela ou em sua atmosfera. Decreto que a pureza no coração de cada um de meus elétrons EXPANDIRÁ (3x) até que tudo o que parece ser limitado não possa mais aprisionar minha vida em discórdia, e as sombras deixarão de existir.

Nisto eu creio e aceito como plenamente realizado aqui e agora... Amém! Amém! Amém! Amém!

---

16. Print Thomas, *La Escuela Interpessoal, Meditaciones Diarias.*

Decreto ao Arcanjo Gabriel

Bem-amado Arcanjo Gabriel, eu, (*fale seu nome de batismo*), vos amo e bendigo, e dou graças por todo o trabalho que tens realizado, tudo o que significas para mim e para o planeta Terra e seus habitantes. Carrega este meu decreto com tua pressão cósmica de amor divino, aqui e agora, pois:

EU SOU a ressurreição e a vida de todo o bem em minha vida.

EU SOU a ressurreição e a vida de minha juventude e beleza eternas, perfeita visão e audição, ilimitada força, saúde e energia.

EU SOU a ressurreição e a vida de minha provisão ilimitada de dinheiro.

EU SOU a ressurreição e a vida de toda a perfeição em meu mundo e em meu plano divino se cumprindo AQUI E AGORA.

Chama da Ascensão

Em nome da minha Todo-Poderosa Presença de Deus EU SOU em mim e em todos os seres humanos não ascensos, em nome do meu Santo Cristo interno, pela força dos cinco elementos, Fogo, Água, Terra, Ar e Éter, pelo pentagrama sagrado, eu, (*fale seu nome de batismo*), invoco o amado Mestre Seraphis Bey e toda a Grande Irmandade de Luxor para que mantenham minha Chama da Ascensão acesa, mantenham minha Chama da Ascensão acesa, mantenham minha Chama da Ascensão acesa, por intermédio de meus sentimentos, da minha mente, do meu corpo etérico, do meu corpo físico e de todos os meus assuntos. Que a sua atividade estimulante eleve o meu mundo ao amor, à opulência, à felicidade, à vitória e à perfeição de toda a vida senciente e sejam sustentados eternamente. Peço que seja conduzido à minha ascensão espiritual quando minha missão estiver finalizada aqui na Terra. Peço ainda que esta Divina Chama da Ascensão, que esta Divina Chama da Ascensão, que esta Divina Chama da Ascensão permaneça acesa e flamejante no meu mundo dos negócios, nas mentes e nos sentimentos de cada corrente de vida em evolução na Terra, a fim de que ela atinja a perfeição mais rapidamente. E vos agradeço.

Assim seja. Amém! Amém! Amém! Amém!

Pureza e Ascensão[17]

Em nome da Presença Divina EU SOU, apelamos a vós, Grande Mestre Ascensionado Seraphis Bey:

Permiti que vossa Chama Cósmica da Pureza penetre em nossos corpos para que, com nossa transformação, sejamos aptos a ajudar na renovação e transformação da Terra.

EU SOU o EU SOU neste apelo que realizo e o mantenho.

Pureza Crística

Por intermédio do poder do Fogo Sagrado em nossos corações, apelamos a vós, grandes amigos da Luz, Seraphis Bey, Amada Astrea e Elohim Claire:

Lançai a Divina Chama Cósmica da Pureza Crística, através de nossos quatro corpos inferiores e nossa aura. Ampliai, por meio da força de vossa luz, a pureza em cada célula, até que desapareçam todas as sombras de manifestações humanas.

Divino Ser Crístico, reforçai a Luz do Cristo Cósmico em nós e em toda a humanidade, até que a Presença Divina esteja realizada para sempre.

EU SOU a Poderosa Força Divina em ação, agora e sempre.

Apelo ao Arcanjo Gabriel[18]

Bem-amado Arcanjo Gabriel, eu vos amo e vos abençoo.

Agradeço por tudo que vós significais para mim e para a humanidade. Carreguei com a pressão da força de vosso amor cósmico estas minhas ordens: EU SOU a Ressurreição e a Vida de todo bem em minha existência! EU SOU a Ressurreição e a Vida de minha eterna juventude e beleza, minha perfeita visão e audição, minha iluminada força e energia e minha perfeita saúde!

---

17. Do livro *Serviço à Luz, Ponte para a Luz*.

18. *Meditação e Apelos para Cada Dia da Semana* (Ponte para a Liberdade, 2007).

EU SOU a Ressurreição e a Vida de meu ilimitado fornecimento em dinheiro e todas as coisas boas! EU SOU a Ressurreição e a Vida de toda perfeição em meu mundo e de meu plano divino, que agora se realiza!

Amados Gabriel e Esperanza, arcanjos da PUREZA e da RESSURREIÇÃO, te amamos e te abençoamos, e nós te agradecemos pelo que ambos significam para nós e para todas as crianças, jovens e toda a humanidade desta Terra.

Em nome da nossa amada Presença EU SOU e Santo Cristo pessoal, pedimos que carreguem estes decretos, com vossa PRESSÃO CÓSMICA DE AMOR INFINITO, pelo poder do 3x3 na medida em que decretamos:

EU SOU a Ressurreição e a Vida de todo bem na minha corrente de vida.

EU SOU a Ressurreição e a Vida da minha eterna juventude e beleza, visão e audição perfeitas, força ilimitada, energia e saúde total.

EU SOU a Ressurreição e a Vida do meu suprimento ilimitado de dinheiro e de tudo bom e perfeito.

EU SOU a Ressurreição e a Vida de toda perfeição no meu mundo e meu plano divino em perfeito cumprimento agora, aqui e agora.

Agradecemos em nome de toda humanidade. Assim seja.

Amém! Amém! Amém! Amém!

5º RAIO

Mestre Ascenso: Hilarion

Cor: Verde

Atributos: Mentalização, conhecimento concreto, ciência, verdade iluminada, cura, realização, concentração, insight, lógica, intelecto. É uma energia-chave na ascensão e no processo de crescimento espiritual de ativação e descoberta da alma. Em um nível inferior, ajuda em projetos de descoberta ou desenvolvimentos científicos. Em um nível superior, concentra-se predominantemente na integração das almas com a realidade e a personalidade da pessoa na Terra.

Dia: Quinta-feira

Arcanjo: Rafael

Elohim: Cristal e Vista

O calor ardente de nossa devoção ao amor é duplicado, do chacra cardíaco até o pequeno Sol Central que pula dentro de cada célula, à medida que estas células são purificadas. Então, o calor do Fogo Sagrado produz rapidamente uma mudança química da célula física.

É uma afirmação que podemos dizer do 5º Raio da ciência, pois é o grande mistério de que cada célula se transforme no Santo Graal. E isso representa, na atuação da energia deste raio cósmico, a porta pela qual se pode entrar, ou seja, a porta do Sagrado Coração do Salvador.

Inclusive, para que possamos receber a verdade que liberta, temos que eliminar cada elemento distorcido a ser consumido pela chama do amor perfeito, pois, de outra forma, se o medo estiver presente, a afirmação da verdade causará pavor e medo, um tormento.

Qual o significado de tudo isso? Para compreender a importância do trabalho com o 5º Raio, saiba que o amor pode ser a iniciação a esta energia, como podemos ver em 1 João (4:11-21).

É na vibração deste raio que há a leitura dos registros pelos cientistas dele, ou seja, os Anjos do Registro.

A cura é originada na integridade, e a integridade começa com o amor. A verdade é uma energia muito poderosa.

A cor do 5º Raio representa a cristalização do fogo branco do 4º Raio e a cristalização da Chama Trina. Os três primeiros raios representando a Trindade. O quarto raio, a Mãe, e o quinto faz com que tudo isso se manifeste fisicamente.

Isso tem significado no trabalho com decretos, invocações, chamamentos? Sim, tem. Quando o Pai, o Filho, o Espírito Santo e a Mãe se tornam físicos, ocorre julgamento. Quando a verdade é revelada, o real é separado do irreal pela espada da verdade.

Amor como Iniciação do 5º Raio[19]

Antes de chegarmos aos decretos, como podemos falar sobre a importância do amor como aspecto iniciatório neste Raio? Em primeiro lugar, recomendamos a leitura de 1 João (4:11-21), na qual encontraremos o Evangelista falando, à época de Jesus Cristo, quando lá esteve encarnado, sobre a importância do amor, sublime sentimento. No final desse texto bíblico, ele vai afirmar: "E dele temos este mandamento, que quem ama a Deus, ame também a seu irmão".

Os Anjos do Registro são cientistas do 5º Raio. A sua ciência é a verdade, e a verdade cura. A cura é originada na integridade, a qual começa com muito amor. Muitos temem a verdade. E temem a verdade do que outras pessoas poderiam pensar sobre elas se soubessem a verdade a seu respeito. Temem a verdade encarnada em Jesus Cristo e em todos os filhos de Deus. Temem a luz que expõe os segredos dos corações dos homens.

A verdade é, portanto, uma energia muito poderosa. Como já foi mencionado, a cor verde do 5º Raio representa a cristalização do fogo branco do 4º Raio e a cristalização da Chama Trina. Os três primeiros raios representam a Trindade. O 4º Raio refere-se à Mãe e o 5º Raio faz com que tudo isso se manifeste fisicamente.

Lembrando mais uma vez que, quando, pois, o Pai, o Filho, o Espírito Santo e a Mãe tornam-se físicos, ocorre o julgamento. Quando a verdade é revelada, o real é separado do irreal pela espada viva da verdade.

---

19. Idem.

Para tanto, o amor real é necessário, o amor dos corações, sem questionamentos, sem dúvidas, sem titubear. Assim, podemos trabalhar com a força do 5º Raio, separando o joio do trigo na luz da verdade; elevando a consciência a patamares sublimes. Separar o real do ilusório e a mentira da realidade verdadeira.

Isso porque nos registros de todas as células de cada ser humano estão os medos ocultos nas dobras de suas vestes, que têm a ver com o percentual de carma que ainda precisa ser equilibrado e o percentual de substâncias tóxicas que se permitiu acumular no corpo físico, acarretando doenças e morte. Liberte-nos na luz deste raio e pela verdade, principalmente.

As células corporais se transformarão no Santo Graal, este grande mistério, quando o amor for duplicado do chacra cardíaco até o Sol Central de cada célula, conforme as células forem purificadas.

Agora, vamos ao trabalho.

Decreto Rítmico da Matriz de Esmeralda

No nome e pelo poder e autoridade da Poderosa Presença de Deus EU SOU, envio o meu nome ao centro do Universo. Eu chamo pela vinda de Sanat Kumara e Lady Senhora Vênus, amada Poderosa Presença EU SOU no coração do Grande Sol Central, amados Cyclopea e Virgínia, amado Grande Vigilante Silencioso, amada Pallas Athena, amados Arcanjo Rafael e Mãe Maria, amados Hilarion e Senhora Mestra Leto, amados Meta e o Anjo Deva do Templo de Jade, amada Maha Chohan e Jesus Cristo amado:

Liberem a sua Luz (3x) em resposta ao meu chamado
Luz do Grande Sol Central,
Brilhe Luz Esmeralda milagrosa
Emergindo da Grande Fonte silenciosa
Brilhem elétrons, brilhem
Emergindo do grande mar de amor,
distribuam para as grandes marés da vida!

Ó, Presença Divina, teu olho que tudo vê,
Avalie urgentemente nossas necessidades.
Revela o seu plano! Forja cada detalhe!

Projete seu remédio
Sua imagem perfeita, gravada no fogo,
Restaure com o seu decreto!

Amor chamando amor, rosa combinando com branco
Junta-se ao azul e do ouro para o verde!
Ímã do amor, desenha a névoa do fogo,
Deixe fluxos de raios esmeralda
O amor conquista tudo... o grande, o pequeno,
Reino perfeito supremo.

Refrão:
Matriz Esmeralda! Fogo Esmeralda
Matriz Esmeralda! Fogo Esmeralda
Pulsando do ventre desejo divino
Matriz Esmeralda! Fogo Esmeralda
Manifeste agora no nome EU SOU!
Matriz Esmeralda! Poder Esmeralda!
Matriz Esmeralda! Matriz Esmeralda!
Mantra milagroso, EU SOU Luz.

Cristo Imortal, revele-se de pé
Sua imagem perfeita cante!
Restauração eterna da juventude e da saúde,
Bendito Meta e Senhor Ling!
Maria resplandecente, Raphael também,
Traga cura em suas asas!

Venham ouvir nossa chamada, campeões da verdade, tudo,
Tomem seus lugares aqui!
Venham Cyclopea, Elohim,
E bendita Athena,
Venham Jesus, João, Hilarion,
Grandes milagres – Aparecem!

EU SOU a Fé de Deus – Acreditando!
EU SOU a Esperança divina – Concebendo!

EU SOU a Mente de Deus – O Todo conhecendo!
EU SOU o Pensamento de Deus – Obrigado!
EU SOU a Chama de Deus Flamejante – Incutindo!
EU SOU a Luz de Deus – Cumprindo!
EU SOU a Vida de Deus – Expandindo!
EU SOU o Amor de Deus – Comandando!
EU SOU a Visão de Deus – Todo Glorioso!
EU SOU o Poder de Deus – Vitorioso!

Flameje, Luz Milagrosa Esmeralda.
Brilhem, elétrons! Brilhem!
Jorre nas grandes marés da vida!
Avalie nossa necessidade urgente,
Projete seu remédio!
Restaure com o seu decreto!

Junte-se ao azul e do ouro para o verde!
Deixe Raios de Esmeralda brilharem
Deixe Raios Esmeralda brilharem
Supremo Reino Perfeito
Bendita Meta e Senhor Ling!

Sua imagem perfeita cante!
Traga cura em suas asas!
Pegue seus lugares aqui!
Venha o melhor, Athena querido!
Grandes milagres – Aparecem!

Refrão:
Matriz Esmeralda! Fogo Esmeralda
Matriz Esmeralda! Fogo Esmeralda
Pulsando do ventre desejo divino
Matriz Esmeralda! Fogo Esmeralda
Manifeste agora no nome EU SOU!
Matriz Esmeralda! Poder Esmeralda
Matriz Esmeralda! Matriz Esmeralda!
Mantra milagroso, EU SOU Luz.

Encerramento:

E com toda fé e em nome da minha Poderosa Presença EU SOU, aceito a realização imediata deste decreto, com a potência elevada pelo poder de 10x10x10.

Assim Seja e Assim é. Assim sempre será.

Amém. Amém. Amém. Amém.

Para Suavizar Sintomas de Ajuste e Calibração Perfeita dos Ouvidos

Para quem estiver passando por algum problema nos ouvidos (por exemplo, dor latente, pressão interna, zumbidos intermitentes, comichão, chilros, entre outros), isso pode estar acontecendo por um processo produzido pela ascensão, em decorrência da troca de frequência vibracional que todo planeta está vivendo.

É recomendado, para suavizar os sintomas de ajuste e calibração dos ouvidos, a conexão com as dimensões superiores em virtude do estabelecimento da ligação mente humana-mente sagrada.

Construa você próprio a sua oração, o seu pedido, o seu decreto com suas próprias palavras. Peça à Presença Divina EU SOU que, por intermédio do elemental de seu corpo e de seu Santo Cristo pessoal, sejam decodificadas com clareza e rapidez as mensagens que sejam pertinentes à sua missão, segundo o plano divino preestabelecido para este instante evolutivo e para o bem maior de todos os envolvidos.

Decrete o despertar de seus sentidos metafísicos de compreender a sabedoria das línguas estelares provenientes dos reinos da verdade iluminada.

Declare a abertura do coração ao modelo de seu corpo espiritual para o despertar, em seus campos humanos, de vibrações elevadas de luz acelerando seu veículo de ascensão e conexão interdimensional. Encarne sua presença EU SOU O QUE EU SOU manifestando, de infinitas formas, todas as virtudes, dons e milagres por meio da sua sagrada mente criadora na experiência cotidiana terrena concreta.

Decreto Recompensa da Verdade[20]

Ó, Deus da verdade, EU SOU em todos,
Eu peço agora compreensão;
Ver-te na tua plenitude, Senhor,
E adorada verdade vivente.

Eu sei que, por razão pura,
Somente o Senhor Deus verdadeiro assegura
A busca de uma vida inteira pela Lei dos Céus
Que penetra, enchendo corações com verdadeira admiração.

Vem agora e ajuda-me a venerar a verdade
Toda a compreensão agora é minha
Sempre que eu abrir de par em par a porta
Nenhum homem jamais poderá fechar

Ó, Luz resplandecente da verdade vivente
Tu, que és fonte da juventude eterna,
Derrama teu resplendor pela minha mente
Até que a paz por fim eu descubra

Que o próprio Espírito de Deus manifesto
É sempre e somente o melhor
E mantém todo homem em justiça seguro
Para compreender a pureza da Lei.

Que a própria Lei de Deus é somente a verdade
Que a todos os erros corrige
E a todos eleva ao estado puro
Onde os vigilantes silenciosos observam e aguardam.

Para revestir os jovens dos Mestres Ascensos
Com o Raio da Verdade do abençoado Hilarion
Pallas Athena, que a tua verdade seja
Nosso centro de autoridade!

---

20. *Pearls of Wisdom*, v. 32, 1989.

Assim, com toda a fé e esperança, recebo em minha consciência esta verdade para que se manifeste sempre, se manifeste sempre, se manifeste sempre e em constância, expandindo-se para frente e além das fronteiras da mente, envolvendo cada ser e o mundo na Luz eterna e indivisível, para que todos possam, a seu tempo, ascender totalmente libertos.

Em nome do EU SOU, em nome do EU SOU, em nome do EU SOU. Amém! Amém! Amém! Amém!

Apelo ao Arcanjo Rafael

Ó, Bem-amado Arcanjo Rafael, Senhor da Cura e Consagração, eu, (*fale seu nome de batismo*), vos amo, abençoo e agradeço por tudo o que fazes por mim e por toda a humanidade. Peço-vos que nos sele com as Chamas da Perfeição e Consagração e ajude-nos a ter consciência apenas dessa Perfeição Divina. Pensamos em Perfeição, sentimos a Perfeição, ouvimos a Perfeição, falamos somente a Perfeição. EU SOU, EU SOU, EU SOU, e manifesto a Perfeição neste dia. Assim seja. Amém! Amém! Amém! Amém!

Decreto de Cura

Deus criou em mim um corpo, uma alma perfeita, e é por isso que EU SOU saúde perfeita. EU SOU saudável. Deus criou em mim uma pessoa saudável, e é por isso que devo ter vida e saúde. É por isso que eu peço cura completa para mim em todos os níveis.

Assim seja. Assim é. Assim sempre será. Amém.

Forças Curadoras

Em nome da amada e Poderosa Presença EU SOU em mim, do meu amado Santo Ser Crístico Pessoal e do amado Santo Ser Crístico de todos os portadores de luz do mundo, eu, (*fale seu nome de batismo*), peço a vós, amado Mestre Ascenso Hilarion, e a todos vós, grandes seres do Raio da Cura, para que, a partir desse momento, dirijam vossas forças curadoras por intermédio de meus pensamentos e sentimentos, por intermédio de cada parte de meu corpo físico, a fim de que, dessa forma, possa gozar da mais perfeita saúde e ser um verdadeiro instrumento para servir à Luz.

Assim, o que peço neste momento compartilho também para as pessoas amadas e queridas (*em especial para...*), rogando que possais enviar e envie vossas legiões de Anjos da Cura para todas elas, bem como para todos os hospitais, asilos, creches e orfanatos, como também para todos os que sofrem de algum mal neste planeta.

EU SOU, EU SOU, EU SOU a realização disso tudo que invoquei. Amém! Amém! Amém! Amém!

Apelo ao Arcanjo Rafael e Mãe Maria

Em nome e com a autoridade da Divina Presença EU SOU que me envolve inteiramente, do meu Santo Ser Crístico Pessoal, do Santo Ser Crístico Pessoal de toda a humanidade, em nome da Chama Trina Imorredoura em meu coração, apelo a vós, bem-amados Arcanjo Rafael e vosso complemento divino, Mãe Maria, que sois do Ministério da Cura, para que venham, venham, venham e nos auxiliem na senda que conduz à perfeição. Pedimos que santifiquem nossos olhos para que eles vejam somente a perfeição da Luz Crística existente no coração de cada irmão, de cada ser humano em evolução neste planeta.

Agradeço-vos, e que essa gratidão amplie a força deste apelo. Assim seja! Amém! Amém! Amém! Amém!

Invocação Contra Vírus e Pestilência[21]

Em nome da amada, poderosa e vitoriosa Presença de Deus EU SOU em mim, do meu próprio e amado Santo Cristo Pessoal e do Santo Cristo Pessoal de toda a humanidade.

Eu, (*fale seu nome de batismo*), invoco os amados e poderosos Elohim Astrea e Pureza, amado Elohim Cyclopea, amados Surya e Cuzco, amado Arcanjo Miguel, amados K-17 e Lanello, amado Saint Germain, amado Micah, Anjo da Unidade, amado Bonnie Blue, amada Mãe Maria e amada

---

21. *Orações, Meditações, Decretos Dinâmicos* (Summit Publications, 2009).

Kuan Yin, todo o espírito da Grande Fraternidade Branca e da Mãe do Mundo, e a vida elemental do Fogo, Ar, Água e Terra, e decreto:

Legiões da Luz do coração dos amados Astrea e Pureza, mergulhem suas espadas flamejantes na origem absoluta de qualquer potencial de surgimento de vírus ou de epidemias em qualquer nação nesta terra, incluindo (*falar o nome do seu país*).

Coloquem seus círculos e espadas cósmicas de Chama Azul em, através e ao redor de todas as manifestações de doenças, epidemias, pragas e pestilências, incluindo a gripe das aves, SARS, HIN1, o vírus do Oeste do Nilo, vírus do BSE, Covid-19 e suas variações ou novas cepas e todas as outras ameaças biológicas conhecidas ou desconhecidas.

Amado Arcanjo Miguel e amados sete arcanjos, eu os comando a flamejar poderosos anéis de proteção de Chama Azul preenchidos com as esferas brancas, azuis e verdes do Fogo Sagrado curador de Deus em, através e ao redor de todas as epidemias de vírus e micróbios.

Eu clamo pela cura de todo e qualquer indivíduo que seja afligido! Flamejam adiante a Luz para a defesa física e espiritual do continente norte-americano e em cada nação!

Grande diretor divino, Lanello e suas legiões da Luz, detenham as espirais de mutação de todos os vírus e micróbios, de toda manipulação genética, terrorismo biológico, guerra química e biológica, toda perturbação e manipulação na economia, todo temor, histeria de massa e registros de morte, e a influência de todos os anjos caídos encarnados ou desencarnados em cada nação.

Prendam e consumam todas as condições, estados de consciência conhecidos ou desconhecidos que poderiam, em qualquer circunstância, contribuir para a propagação de vírus e micróbios ou de qualquer potencial para epidemias.

Anjos do Fogo Sagrado, eu os comando em nome do Deus Onipotente: sigam adiante no mundo da forma para a precipitação disto que nós pedimos a Deus neste dia e para desenvolver novas curas, imunizações e tratamentos contra os vírus e as outras doenças.

EU SOU, EU SOU, EU SOU a manifestação infinita e absoluta da vitória de Deus sobre todas as forças da morte e do inferno que se movem contra os portadores de Luz nos Estados Unidos, no Canadá, no México, na América do Sul, no Brasil, na Cidade Quadrangular e em todas as nações sobre esta terra. (3x)

Pelo decreto da Sagrada Vontade de Deus, eu aceito que isto seja feito nesta hora em pleno poder. Amém. Amém. Amém. Amém.

Integridade de Cristo[22]

(Antes de fazer o decreto a seguir, coloque água potável em uma jarra ou em garrafinhas individuais para magnetizá-la com as forças curativas crísticas. Depois, sirva para os familiares ou para quem estiver com problemas de saúde. Deve ser feito por dez dias consecutivos.)

Em nome da amada, poderosa e vitoriosa presença de Deus EU SOU em mim e do meu amado Santo Cristo Pessoal, do amado Jesus, o Cristo, eu envio todo o meu amor e gratidão ao meu amado elemental do corpo, pelo fiel serviço que me tem prestado. *(Faça uma pausa para visualizar o seu precioso elemental do corpo envolto em um ovoide da Chama Rosa do amor divino.)*

Eu comando agora o meu elemental do corpo para que ele se eleve e exerça completo domínio sobre qualquer condição imperfeita em manifestação no meu corpo físico!

Querido elemental do corpo, entre em ação agora para corrigir as imperfeições, sob a direção e orientação do meu amado Santo Cristo Pessoal, do amado Jesus, o Cristo, e do plano imaculado da minha corrente de vida, vindo do coração da minha amada e poderosa Presença do EU SOU, ó Grande Regenerador!

Em nome da poderosa Presença de Deus EU SOU e pelo poder magnético do Fogo Sagrado investido na Chama Trina que arde no meu coração, eu decreto: *(faça aqui a sua prece pessoal)*

1. EU SOU a Perfeição de Deus presente
   No meu corpo, alma e mente –
   EU SOU o fluxo da divina Direção
   Para curar e manter tudo são!

---

22. *Orações, Meditações, Decretos Dinâmicos* (Summit Publications, 2009)

Refrão: Ó, átomos, células, elétrons
Neste corpo, que é meu,
Que a Perfeição do Céu
Me faça como Deus!
Espirais de Unidade em Cristo
Me envolvem em seu poder
EU SOU a Presença Mestra
Que me manda só Luz ser!

2. EU SOU a imagem pura de Deus,
De amor transborda meu ser,
Retirem-se agora as sombras
Para a bênção da Pomba descer!

Refrão: Ó, átomos, células, elétrons
Neste corpo, que é meu,
Que a Perfeição do Céu
Me faça como Deus!
Espirais de Unidade em Cristo
Me envolvem em seu poder
EU SOU a Presença Mestra
Que me manda só Luz ser!

3. Teu raio de cura me envia
Bendito Jesus, Mestre amado;
Tua vida e amor em mim derramam
Em teus braços sou agora elevado!

Refrão: Ó, átomos, células, elétrons
Neste corpo, que é meu,
Que a Perfeição do Céu
Me faça como Deus!
Espirais de Unidade em Cristo
Me envolvem em seu poder
EU SOU a Presença Mestra
Que me manda só Luz ser!

Decretos e Invocações dos 12 Raios Divinos | 91

4. EU SOU de Cristo a Presença
Sol de cura e compaixão —
EU SOU a Perfeição pura
Minha cura perfeita na mão!

Refrão: Ó, átomos, células, elétrons
Neste corpo, que é meu,
Que a Perfeição do Céu
Me faça como Deus!
Espirais de Unidade em Cristo
Me envolvem em seu poder
EU SOU a Presença Mestra
Que me manda só Luz ser!

5. Preencho-me por completo
Da radiante Luz do EU SOU
Flui em mim toda a pureza
Que tudo agora curou!

Refrão: Ó, átomos, células, elétrons
Neste corpo, que é meu,
Que a Perfeição do Céu Me faça como Deus!
Espirais de Unidade em Cristo
Me envolvem em seu poder
EU SOU a Presença Mestra
Que me manda só Luz ser!

E, com toda a fé, eu aceito conscientemente que isto se manifeste, que se manifeste, que se manifeste (3x) aqui e agora, com pleno poder, eternamente mantido, onipotentemente ativo, em contínua expansão e abrangendo o mundo inteiro até que todos tenham ascendido totalmente na luz e sejam livres.

Amado EU SOU! Amado EU SOU! Amado EU SOU!

O Cessar da Transmissão das Doenças

Em nome da amada e poderosa presença de Deus EU SOU em mim, do meu amado Santo Ser Crístico interno, do amado Jesus, o Cristo, do amado Mestre Hilarion, dos amados mestres e sacerdotes da Cura Divina, de todo Espírito da Grande Fraternidade Branca, todas as Legiões Ascendidas da Luz e Arcanjo Miguel com sua hoste de anjos, eu, (*fale seu nome de batismo*), vos INVOCO AQUI E AGORA para que VENHAM! VENHAM! VENHAM! (3x) com o pleno poder de suas espadas cósmicas de Chama Azul e PURIFIQUEM E LIBEREM! PURIFIQUEM E LIBEREM! PURIFIQUEM E LIBEREM! Todas as forças elementais da obrigação de estarem servindo por mais tempo à intenção e ao propósito destrutivo do homem e suas ambições, para que a partir de então não mais sejam condutores e façam o transporte ou alimentem – consciente ou inconscientemente – a transmissão e a presença das doenças e de toda espécie de endemia, epidemia ou pandemia com seus agentes nocivos por todo este planeta Terra e através dos quatro corpos inferiores da humanidade!

Assim o comandamos, assim decretamos e assim vemos concluído. Que assim seja.

AMADO EU SOU! AMADO EU SOU! AMADO EU SOU!

Amém! Amém! Amém! Amém!

Decreto para a Cura Geral

Em nome de minha Poderosa Presença EU SOU, do meu Santo Cristo Pessoal e do Santo Cristo Pessoal de todas as evoluções da Terra, pela força dos quatro elementos, Fogo, Terra, Ar e Água, digo amado Rafael, o Arcanjo, amada Maria, a Divina Mãe, amados Arcanjos da Cura e Consagração, nós os amamos, os abençoamos e agradecemos por tudo o que vocês fazem por nós e por toda a Humanidade. Sele-nos em sua Chama de Cura e Consagração e ajude-nos a ter consciência apenas da mais pura perfeição. Agradecemos-vos e decretamos:

Dedico minha vida neste dia ao serviço para Deus, bondade, caridade, para que só pensamentos de perfeição se formem no meu cérebro. Que meus sentimentos permaneçam calmos, amorosos, gentis, dispostos a ajudar e tornar felizes a todos que contatar.

Que meus olhos apenas vejam e enxerguem a perfeição,

Possam meus ouvidos só ouvir a mais pura perfeição,

Que meus lábios falem apenas a divina perfeição,

Que minhas mãos sirvam somente para curar e abençoar,

Que meus pés sejam mensageiros do mais puro bem,

Que meu corpo seja forte e disposto a ser um instrumento que traz a perfeição de Deus em toda parte.

Porque Deus é perfeição e EU SOU a perfeição de Deus manifestada na forma material.

Assim seja. Assim é e assim sempre será.

Amém! Amém! Amém! Amém!

6º RAIO

Mestres Ascensos: Lady Nada e João, o Amado

Cor: Rubi

Atributos: Devoção, abstração, idealismo, paz, graça divina, cura, adoração devocional, manifestação do Cristo, devoção, fé, lealdade, entusiasmo.

Dia: Sexta-feira

Arcanjo: Uriel

Elohim: Tranquilitas e Pacífica

Este é o raio da paz, da fraternidade, da ministração (sacerdócio) e do serviço. Diariamente, nos são outorgadas por Deus ilimitadas energias, as quais precisamos aprender a utilizar de forma correta.

Para tanto, é necessário reaprender e retornar ao ritual diário da aceleração do coração e da mente, da senda espiritual e do autoconhecimento da imortalidade. Sem essa chama, que é outro nome para a Chama Trina que arde em nossos corações, não temos a quem recorrer, a não ser a poeira da qual fomos criados.

Por isso, temos que proteger a chama da imortalidade, pois ela é a nossa vida, a única vida que pode nos conduzir ao reino de Deus. E, desde o EU SOU, esta vida é alimentada gota a gota através do cordão de cristal do próprio coração de corações do Deus Altíssimo.

Perdendo-a ou a extinguindo, quer seja em orgulho ou raiva, custará muitos séculos até voltar a ganhá-la. Pode se cauterizar em memórias que, num momento de descuido, é possível alguém perder este elemento essencial do ser.

Portanto, apesar dos erros e enganos, podemos retornar ao Sagrado Coração de Jesus Cristo quando tiverem sido cumpridas todas as coisas necessárias para a finalização dos ciclos individuais deste mundo. Ele fez uma promessa e a cumprirá. Estar conosco até nas nossas vindas e idas, ou seja, o fim dos tempos, o cumprimento da vitória divina da alma.

Na vibração deste Raio Cósmico, podemos ser infundidos com a hóstia com luz para a correção da consciência, para a abertura do ventre estéril, para o aperfeiçoamento da semente e do óvulo, para a penetração dos genes por todo o caminho de volta à Cristicidade individual. Esta hóstia pode ser transferida fisicamente para transformar o aspirante em semente de luz e para preparar a corrente de vida para produzir os frutos da consciência crística, seja na família, no labor sagrado ou no desempenho como sacerdotes ou sacerdotisas do Mais Alto Deus.

Buscar receber o manto da paz do Divino Mestre e ser peregrino desta paz. Mantê-la no coração, na mente e na alma, independentemente de quem se aproximar, abordar ou falar com uma atitude agressiva.

Esse é um teste contínuo. Quando se revolve manter a paz de Cristo, somos abençoados. Ter no coração a presença que comanda essa paz, e não uma paz meramente humana, fará com que vejamos que as pessoas atacam porque se sentem irritadas com esta chamada paz. Não têm autocontrole, não têm paz.

Por isso, diariamente, devemos selar nosso mundo numa cápsula de óleo dourado da paz de nosso próprio coração, que, como um manto de proteção infinita, guardará nosso mundo.[23] E, depois disto, devemos trazer a cada dia uma porção desta paz ao mundo dos outros.

Entenda que, quando se tem domínio sobre si mesmo, como o Mestre Jesus tinha, pode-se adormecer e deixar que os outros balancem o barco à vontade, sabendo a todo o momento que o mar é o mar de Deus, que o barco é o barco de Deus, que o vosso corpo é o templo de Deus, que a vossa mente é o lugar onde Deus habita, que a vossa alma é a alma de Deus, que o vento é comandado por Ele, que as ondas obedecem à sua voz.

E então dormireis durante as tempestades do mundo ou podereis ficar acordado enquanto elas duram; mas não sereis afetado por quaisquer delas, porque sereis o mestre de vosso mundo.[24]

---

23. Pedido feito pelo Elohim Paz, em 1959, sendo muito necessário atendê-lo nos dias de hoje, em que a paz se encontra perdida.

24. Pedido de Elohim Paz, em 1965.

Para Estabelecer e Manter a Paz no Coração

Dessa forma, nos tornamos mestres das emoções individuais, limpamos as dobras do inconsciente e não seremos demovidos por nada que aconteça. Decrete:

Eu defenderei a paz e, onde quer que a paz seja violada, farei este chamado e afirmarei para o vórtice e núcleo da raiva: Paz, aquieta-te e saiba que EU SOU Deus! E saiba que o EU SOU em mim é Deus. Eu não desistirei. Não serei demovido por nenhuma força, peso ou condição. Ninguém ou coisa alguma me removerá do desígnio de paz do meu coração. (3x ou 9x)

Para Cumprir a Vontade Divina

Decrete quando estiver passando pela noite escura da alma:

Meu Pai, se possível, passe de mim este cálice. Todavia não seja como eu quero, mas como tu queres.[25] (9x)

Observação: Quando se afirma "mas como tu queres", o Anjo de Getsêmani surge, neste momento e só neste momento, para dar forças para enfrentar a mais gloriosa das iniciações, a hora da crucificação, quando Cristo é totalmente liberto e a alma se prepara para a ressurreição.

Reparte o Pão da Vida[26]

Reparte o pão da vida
Amado Senhor, para mim
Assim como repartiste os pães à beira-mar
Para além da página sagrada
Eu te procuro, Senhor; meu espírito anseia por ti
Ó, Verbo vivente.

---

25. Mateus 26 (36-46), Marcos 14 (32-42) e Lucas 22 (39-47).
26. *Pearls of Wisdom*, vol. 48, 2005.

Abençoa a verdade, querido Senhor
Para mim, para mim
Assim como abençoaste o pão por intermédio do Galileu
Então, todos os grilhões se romperão
Todas as prisões terminarão e eu encontrarei a minha paz
Meu Tudo em tudo.

Tu és o pão da vida
Ó, Senhor, para mim
Teu Verbo Sagrado, a verdade que me salvou
Dá para mim para que eu possa viver
Contigo no alto; ensina-me a amar tua verdade
Porque tu és amor.

Ó, envia teu Espírito, Senhor
Para mim agora
Para que Ele toque meus olhos e me faça enxergar
Mostra-me a verdade oculta
No teu verbo no teu livro revelado
Eu vejo-te, Senhor.

Jesus, Habite em Meu Coração

Ao realizar esta afirmação, permita, aquiesça, consinta que realmente o Mestre entre na parte secreta do ser, expurgando compartimentos de vergonha, de vanglória ou de censura.

Afirme:

Mestre Divino, Jesus Cristo, neste momento, peço que entreis em todo o meu templo agora! Por minha livre vontade e determinação, permito pelo meu livre domínio, dando-vos as boas-vindas. E, neste momento, renuncio a tudo que não seja Luz. E assim purifique minha essência, libertando-me do ego humano.

Que assim seja. Está feito e está consumado. Amém!

Decreto da Ressurreição Divina

Visualize que o 6º Raio rubi desce da Presença EU SOU, envolvendo todo o seu ser e ancorando no centro do coração de cristal da Terra.

Repita (3x, 7x ou 12x, cada afirmação abaixo ou todas elas):

EU SOU a Ressurreição e a Vida do meu poder divino na Terra.

EU SOU a Ressurreição e a Vida do meu plano divino agora manifestado.

EU SOU a Ressurreição e a Vida da manifestação de minha presença EU SOU.

EU SOU a Ressurreição e a Vida da manifestação de toda a luz do meu ser na Terra.

EU SOU a Ressurreição e a Vida da ativação total da chama de trindade (poder divino, sabedoria divina e amor divino) em mim.

EU SOU a Ressurreição e a Vida da ativação de todos os meus presentes, conquistas e habilidades, que são de justiça e direito divino.

EU SOU a Ressurreição e a Vida da mente pura e harmoniosa de Deus.

EU SOU a Ressurreição e a Vida do trabalho perfeito para minha ascensão, que é de direito divino e justiça.

EU SOU a Ressurreição e a Vida da minha parte perfeita da vida, assim que eu a acompanhe no meu propósito divino na Terra.

EU SOU a Ressurreição e a Vida da dissolução total do meu carma pendente, adquirindo todo o conhecimento, entendendo e amando.

EU SOU a Ressurreição e a Vida do perfeito padrão de saúde.

EU SOU a Ressurreição e a Vida da detenção da química hormonal do envelhecimento e a ativação do rejuvenescimento do meu corpo.

Decreto da Ressurreição

EU SOU a Ressurreição e a Vida (3x ou mais)

Da Vontade de Deus manifestada nas mentes e nos corações dos homens!
Da Iluminação de Deus manifestada nas mentes e nos corações dos homens!
Do Amor de Deus manifestado nas mentes e nos corações dos homens!
Da Pureza de Deus manifestada nas mentes e nos corações dos homens!

Da Verdade de Deus manifestada nas mentes e nos corações dos homens!
Da Paz de Deus manifestada nas mentes e nos corações dos homens!
Da Transmutação de Deus manifestada nas mentes e nos corações dos homens!
EU SOU a Ressurreição e a Vida de meu Santo Cristo Pessoal que está manifestado aqui e agora e para sempre!
EU SOU a Ressurreição e a Vida da minha poderosa presença EU SOU manifestada através do meu Santo Cristo Pessoal, estando aqui e agora e para sempre!

Invocação ao Mestre Jesus, o Cristo

Desde a Presença Crística que habita em mim, e em nome da Divina Presença de Cristo que reside em meu coração, eu, (*fale seu nome de batismo*), desde o meu ser autêntico e humilde, honrando com alegria, amor e paz a ti, Divino Mestre, peço que acendas a chama de teu Sagrado Coração no meu coração e recorro ao Deus, Criador de todo o Universo, que me conceda a permissão de receber tua sublime Luz, em especial aquele Raio Rubi, cujo esplendor, graça e luz são eternos.

Agora, neste momento sagrado, peço para mim abundância espiritual. Deixe-me sentir o amor, a bênção e o perdão crístico que emanam de tua preciosa e transcendental Luz, que eu logre irradiar a meus irmãos e irmãs o que tu me tens concedido. A Ti, Divino Mestre Jesus, o Cristo, especialmente te peço (*faça aqui o seu pedido, com fé e muita devoção*).

Assim seja (3x), assim será agora (3x) e assim é já (3x).

Amém! Amém! Amém! Amém!

Afirmação para a Paz e Proteção

Em Nome da minha Divina Essência EU SOU, do meu Santo Cristo Interno, da imortal e resplandecente Chama Trina que habita em oitavas superiores de Luz e em meu coração físico, em nome dos irmãos não ascensos que trabalham entre nós, pela força dos reinos do Fogo, da Água, da Terra, do Ar e do Éter, eu (*fale seu nome de batismo*) afirmo conscientemente e com plena convicção:

EU SOU, EU SOU, EU SOU e estou selando, neste momento, o meu mundo numa cápsula de óleo radiante dourado da paz que vem do Divino Coração do Elohim Paz, como um verdadeiro manto de proteção infinita, para assim guardar o meu mundo.

Assim é. Assim é. Assim é e sempre será na Luz Divina.

Amém! Amém! Amém! Amém!

Para Abrandar o Fogo de Conflagrações

(Este decreto é para prestar serviço ao planeta. Enquanto o faz, visualize que milhares de pombas brancas voam sobre o planeta, sobre os países em conflito ou em perigo de conflito, batendo suas asas e espargindo sobre todos esses locais muita luz, que cai como flocos de neve, envolvendo todas as pessoas, acalmando os ânimos e trazendo a solução para a paz.)

Em nome da minha Poderosa Presença do EU SOU:
EU SOU o mestre do meu mundo!
Em nome da minha Poderosa Presença do EU SOU:
EU SOU o mestre do meu mundo!
Em nome da minha Poderosa Presença do EU SOU:
EU SOU o mestre do meu mundo!
Em nome da minha Poderosa Presença do EU SOU:
EU SOU o mestre do meu mundo!
Em nome da minha Poderosa Presença do EU SOU:
EU SOU o mestre do meu mundo!
Em nome da minha Poderosa Presença do EU SOU:
EU SOU o mestre do meu mundo!
(Repita 9x)

Para a Presença Eletrônica do Arcanjo Uriel

Ó Uriel, faz de mim agora a tua Presença Eletrônica, brilhando ardorosamente toda a noite e todo o dia. Faz de mim o magneto do Grande Sol Central, trazendo para a Terra, pelo próprio Fogo Sagrado do teu coração, as correntes de Deus Todo-Poderoso que são necessárias para produzir mudanças e a transformação de mundos! (3x)

Decreto do Eu Sou o que Sou

Para que se possa manter e sustentar de forma contínua e permanente o equilíbrio perfeito da Chama Trina, que arde dentro dos corações e deste planeta Terra, as afirmações devem ser repetidas, cada uma, no mínimo 3x ou múltiplos, como intuir ou desejar.

EU SOU a Ressurreição e a Vida do meu plano divino preestabelecido na Terra! (3x)

EU SOU a Ressurreição e a Vida do plano divino de todas as minhas atividades de trabalho de luz! (3x)

EU SOU a Ressurreição e a Vida do plano divino do planeta Terra! (3x)

EU SOU a Ressurreição e a Vida de todo o planeta Terra! (3x)

EU SOU a Ressurreição e a Vida de nosso Deus Pai e Mãe! (3x)

Amém! Amém! Amém! Amém!

Bênção da Sagrada Comunhão (*modelo 1*)

A vós, ó meus amados, entrego meu corpo e meu sangue. Pela ação do Espírito Santo, que essa transubstanciação seja consumada. Pela alquimia do meu coração, que esse pão e esse vinho sejam parte de mim. Bebei dele todos.[27]

Tomai-me. Assimilai-me. Tornai-vos quem EU SOU. Sede meu gêmeo. Decreto, ó meus amados, que possais seguir adiante na minha presença que comanda a paz, na vossa própria Presença Divina e conquistai nesse dia a vitória, cuja hora se aproxima porque vossa hora chegou.

EU SOU vosso Jesus afirmando a vossa vitória. E envio o fogo todo consumidor de Deus para consumir o refugo que há tanto tempo vos oprime.

Em meu coração, podei vos refugiar. Recolhei-vos ao meu Sagrado Coração, a qualquer hora do dia ou da noite, na tristeza ou na alegria, que não conseguis conter, recolhei-vos à câmara nupcial do meu coração. Eu estou ali e vós sois minhas noivas.

Assim, no espírito da vitória, contemos os dias para a chegada deste momento glorioso.

---

27. Mateus (26:27).

Em nome de Deus, estou convosco todos os dias, nunca estou distante.[28] Lembrai-vos sempre de me procurar nos momentos difíceis, nos momentos de tomadas de decisão e a qualquer momento.

Bênção da Sagrada Comunhão (*modelo 2*)

Eu disse: "Tomai e comei, este é meu corpo que foi partido para vós. Este é o vinho do novo testamento e da nova aliança"[29]. Portanto, abençoo este pão e vinho. Abençoo também os vossos corações.

Recebei neste pão e neste vinho, e contemplai o novo dia quando bebereis novamente comigo, no reino de meu Pai.[30] Por esta Comunhão somos um só, e eu vos sustento através de vossa própria Presença do Santo Cristo Pessoal. Tomai, comei e bebei tudo.

---

28. Mateus (28:20).
29. Mateus (26:26-28), Marcos (14:22-24), Lucas (22:10-19) e Colossenses 1 (1:24-25).
30. Mateus (26:28-29) e Marcos (14:25).

7º RAIO

Mestre Ascenso: Saint Germain

Cor: Violeta

Atributos: Encantamento, magia, ritual, ordem cerimonial, transmutação, transformação, dignidade, esplendor, cavalheirismo, perdão, restauração, misericórdia, ordem e método.

Dia: Sábado

Arcanjo: Zadkiel

Elohim: Arcturus e Saithru

A Chama Violeta é a chama da verdadeira alquimia. É o Fogo Sagrado. É o poder, a sabedoria e o amor de mudar o que tem de ser mudado e de selar, como criação, o que deve ser selado. A escolha cotidiana de cada um, em ser ou não ser, é a escolha de consignar a chama da liberdade àquilo que não deveria existir e de retificar por essa chama aquilo que deve continuar pela eternidade.

Diz o regente deste raio: "A Chama Violeta é a panaceia universal e o solvente universal, e deveria ser usada por aqueles que são, senão presunçosos, então absolutamente ignorantes da posição de vossa alma hoje".

Essa afirmação significa que os seres humanos estão, na verdade, fartos da consciência humana inferior, pois estão vulneráveis aos estados astrais de consciência, aos humores e às mudanças das vibrações, as quais não podem ser vistas pelo olho humano. Eis que ainda não se alcançou o dom do discernimento sobre esta questão.

Muito já foi dito a respeito do Raio ou Chama Violeta da Nova Era, de Saint Germain, o Chohan. Porém, é necessário fazer alguns acréscimos de informação, quiçá não revelados da forma como será apresentado, objetivando oferecer os subsídios necessários ao trabalho de forma direta, objetiva, séria, com sabedoria do que se está fazendo.

Entre as inúmeras dispensações que foram dadas à Terra, todas buscam auxiliar o progresso evolutivo do homem e do próprio planeta. Uma foi para multiplicar a ação dos decretos de Chama Violeta, outra para banhar a Terra com a luz da misericórdia, outra para desintegrar conceitos negativos da mente e do corpo, etc.

Muitas vezes, senão na maioria das vezes, concedida como elixir ou unguento, para que, bebendo em horas de necessidade e em hortas de vigor, pudessem mantê-lo abastecido por renovadas invocações, decretos, a Chama Violeta. Um reservatório imenso, gigantesco desta chama, como um pulsante mar de luz.

Assim, trabalhando com este propósito, ela deve ser invocada, trazida à superfície do planeta para transmutar áreas mais escuras, onde homens e nações consideram a guerra, a guerra nuclear, determinados a destruir regiões inteiras da Terra, incluindo a própria guerra interna de cada ser humano.

Importante deixar aqui sedimentado que a hierarquia não cuida só deste planeta, mas também de outros em encruzilhadas semelhantes à Terra, que precisam dela lá. Quando nos damos conta de quantos planetas estão em situação difícil, percebemos que este Armagedom não é simplesmente uma questão de eventos locais, mas sim de muitos planetas que estão lidando com o problema do fim dos tempos, quando haverá o julgamento dos anjos rebeldes. Antes disso, usam de toda espécie de ardis e enganos, ludibriando os que dormem, visando destruir as crianças, destruir quem amamos, fornecer drogas para dominar a mente das pessoas.

Hoje, vivemos um tempo que nos traz grande custo às nações. Por isso, utilizando o poder do verbo, pela atuação da Chama, do Fogo Violeta, podemos atingir uma massa crítica, na qual a hierarquia do 7º Raio vem atuando com este mar de energia em prol das evoluções deste planeta.

Todos os que servem ao 7º Raio, todos aqueles que invocam a Chama Violeta em todo o Cosmos, que estão servindo em um dos raios de luz, inclusive cada um de nós, podem prover uma ação de multiplicação (*pode ser em múltiplos de dez, ao quadrado, pelo poder de 3x, etc.*).

Além disso, para quem invoca a Chama Violeta constantemente, sempre que houver dispensação será concedida uma porção maior a essa pessoa, sem contar que a constância de decretos preencherá a aura dela.

Outra questão é que, entre todas as dispensações de Fogo Violeta que o planeta recebeu, uma delas veio pelas legiões do 7º Raio, que convocaram reforços cósmicos do regente do planeta Violeta, significando um novo fator multiplicador pelo poder deste. Uma centelha de esperança na Era de Aquário. Um momento de transmutação acelerada do processo cármico individual e coletivo, com equilíbrio dos chacras e mudança nos quatro corpos inferiores.

Dá para perceber quão grande e importante é a realização de decretos, invocações, chamados, enfim, a utilização do Raio e da Chama Violeta? Sigamos.

Meditação da Cocriação com a Chama Violeta

Neste momento, eu, (*fale seu nome de batismo*), em meditação no silêncio, convoco minha energia para que agora esteja comigo:

Chama Violeta da transmutação e conectividade, eu invoco a sua presença para que se acerque de mim, rodeie o meu campo áurico e cocrie comigo.

Dou as boas-vindas às tuas energias sublimes, à tua consciência infinita e às tuas ativações, para que sirvam à minha ascensão de forma que eu possa entendê-las também como guias para minha alma, as quais quem sabe não necessite reconhecer. Enquanto tua energia abarca todo o meu ser, te manifesto a minha intenção e a razão para invocar tua ajuda e serviço.

(*Declare, do fundo do seu coração, qual a sua real intenção, usando suas próprias palavras.*)

Agora, me entrego totalmente à cocriação da minha real intenção em meu ser e em minha realidade, tendo certeza de que minha alma e meus aspectos divinos superiores estarão acompanhando todas as efetivas transações e as mudanças ativadas em meu ser.

Chama Violeta da transmutação e conectividade, eu recebo agora tua energia sublime. Do meu desejo e coração, expresso meu agradecimento, minha profunda gratidão.

Neste momento, visualize, imagine, perceba, reconheça que está dentro de uma esplendorosa Chama Violeta ardente, com seus corpos físico e energético envoltos por ela. Permaneça em quietude dentro dela, observando o seu ser e permitindo-se reconhecer qualquer área que necessite de cura ou qualquer outra transformação.

Imagine que, desde a base ardente da Chama Violeta que o rodeia, sobe uma espiral dela pelo centro do seu ser, chegando acima do chacra da coroa. Esta é a energia da Chama Violeta se fundindo com o seu ser na frequência da conectividade, ativando-o em uma frequência de integridade e incorruptibilidade que floresce em todos os aspectos da sua existência. Mantenha o foco nesta espiral da luz violeta que flui continuamente debaixo de você e sobe pelo centro do seu ser até acima do seu chacra da coroa.

Agora, leve sua atenção para o chacra do coração. Sua energia sagrada e suas vibrações autocuradoras começam a despertar e a preencher todo o seu ser até transbordar. Dentro desta energia sagrada que está preenchendo o seu ser, você pode reconhecer as qualidades de unidade, verdade, unicidade e amor-próprio. Pode perceber que sua energia interior se expande conscientemente e se conecta com os aspectos do Criador. Isso ajudará a aceleração da sua ascensão, enquanto se descarrega na sua nova energia do Criador.

É relevante e importante que a meditação continue até que se possa sentir que a energia da Chama Violeta se vai, para então ter a certeza de que a cocriação está completa. Se a energia se torna muito intensa, faça um pedido imediato e direto para que haja a diminuição da vibração até que fique mais confortável. Finalmente, é apropriado saber e compreender que, indo embora a energia, os anjos do 7º Raio de Luz manifestam e canalizam o amor angélico em direção ao seu ser para lhe dar mais ajuda e completar o processo.

Decreto do Fogo Sagrado para o Perdão
pelo Mau Uso dos Elementos

Em nome da poderosa e vitoriosa Presença EU SOU em mim e em cada um de nós, invocamos aqui e agora mesmo a presença radiante e esplendorosa do amadíssimo Arcanjo Zadkiel, para que venha, para que venha, para que venha:

Junto todas as suas legiões dos Anjos do Fogo Sagrado a fim de:

Limpar (9x)

Liberar (9x)

Despachar (9x)

Purificar (9x)

Todo erro, distúrbio e energia mal-usada por qualquer corrente de vida encarnada hoje nesta Terra, sobre todo o mau uso dirigido aos elementais e seus elementos que sustentam a vida na Terra:

Amados Virgo e Pelleur, regentes dos elementais da TERRA,

Amados Netuno e Lunara, regentes dos elementais da ÁGUA,

Amados Thor e Áries, regentes dos elementais do AR,

Amados Hélios e Vesta, regentes dos elementais do FOGO,

Pedimos-lhes perdão, transmutação e pureza,

Desagravo e amor perdoador,

Para com todo nosso mau uso, descontrole, abuso e caos para com seus elementais. Pedimos-lhes que estendam suas grandes chamas de amor e compaixão sobre toda esta Terra, para que cessem todos os terremotos, furacões, incêndios, tornados e desastres.

Amado Arcanjo Zadquiel, pedimos que eleves nesta hora tua espada de Chama Violeta e:

Secciones (9x)

Aniquiles (9x)

Dissolvas (9x)

Transmutes em pureza (9x)

Todos os erros, distúrbios e minhas energias usadas contra qualquer corrente de vida encarnada hoje nesta Terra.

Todo o caos, registro e memória de todas e de cada uma das energias contaminadoras de baixa vibração, mal qualificadas, escuras e de baixas intenções, toda energia distorcida do plano original do Criador. Agora mesmo, aqui mesmo, aqui e mais além e área de qualquer local, cobrindo a Terra inteira com a majestade e glória da pura energia eletrônica de Deus.

Amada Santa Ametista, pelo poder do amor compassivo de Deus, fazemos este chamado para que acudas de imediato com teu manto de joias reais de ametista a cobrir cada uma das pessoas sinistradas em qualquer lugar onde se encontrem, encarnadas ou desencarnadas, e atraem, de imediato, à sua corrente de vida o perdão, a paz e o amor infinito da Mãe Divina.

Que tuas legiões de anjos do fogo violeta de redenção sustenham livres (9x) todo lugar, localidade, país e condição em que ocorram catástrofes.

Nós agradecemos a todos e a cada um dos que trabalham com o 7º Raio de Deus, e pedimos ao amado Mestre Saint Germain que leve o perdão e a misericórdia de seu centro violeta do coração de amor compassivo, perdão e liberdade.

Aceitamos tudo isto que pedimos manifestado agora e instantaneamente pelo Poder Divino, pela Sabedoria Divina e pelo Amor Divino, e na Glória da Mãe Divina. Amém. Amém. Amém. Amém.

Para Transmutar Karma em Dharma

Antes de fazer o decreto, entenda que o Conselho do Karma é formado por um grupo de seres ascensos que se encarregam tanto do karma planetário, coletivo e ancestral quanto do familiar e individual de cada alma da Terra.

É composto pelos seguintes integrantes:
– Amada Kuan Yin: Deusa da Misericórdia, Perdão e Compaixão
– Amada Senhora Portia: Deusa da Justiça Divina
– Amada: Deusa da Liberdade
– Amada Palas Atenas: Deusa da Verdade
– Amada Senhora Nada: Deusa da Transfiguração
– Amada Mãe Maria: Mãe de Jesus, Mãe Cósmica, Padroeira da Cura
– Amado Elohim Vista: "O Olho que Tudo Vê" de Deus
– Amado Senhor Saithru: Manú da Sétima Raça Raiz

Esta junta ou conselho determina que a alma vai encarnar no planeta para ter a oportunidade de transformar 51% do karma pendente em dharma, e assim lograr a ascensão a outro plano ou dimensão. Sem isso, não é permitida a saída da terceira dimensão.

Há neste planeta almas que obtiveram sucesso e continuam encarnadas com o propósito, por seu livre-arbítrio, de realizar serviços de luz ajudando outras almas com seu exemplo neste orbe.

A repetição de decretos e o uso da Chama Violeta permitem acelerar o processo de transformação do karma e limpá-lo, significando que começamos a criar no presente.

O decreto de transmutação do karma em dharma é uma dispensação e uma oportunidade para ir limpando todos os tipos de karma: coletivos (a nível planetário), ancestrais (acumulado na árvore genealógica), individuais (da vida atual e de vidas passadas simultâneas) e o que geramos diariamente.

Também permite liberar bloqueios e limitações, e ativar o propósito ou a missão de vida para acelerar o processo de ascensão que cada alma tem previsto para realizar na Terra.

Repita o seguinte decreto ao Conselho Cármico antes de ir dormir, por 21 dias seguidos:

Eu, (*fale seu nome de batismo*), investido pela força da minha corrente de vida, por intermédio do meu Santo Cristo interior e pela força de luz da minha Chama Trina que habita em meu coração, peço à Poderosa Presença EU SOU que desça agora e imediatamente um pilar de fogo violeta (3x) para que me envolva (3x), dissolva (3x), consuma (3x), libere (3x) todo pensamento, sentimento, palavra e ação negativa, sua causa e efeito, toda criação indesejável e todo o karma pendente do qual meu ser multidimensional vivente nesta era é responsável em todas as experiências, desde sua origem até agora nesta encarnação atual.

Aceito como realizado agora, instantaneamente, para todo sempre. Amém. Amém. Amém.

Fogo Violeta Libertador

Amado Mestre Ascendido São Germain, amado Zadkiel, Arturo e todos os que prestam um serviço de luz na esfera do 7º Raio: eu te amo, te abençoo e expresso gratidão ao vosso grande serviço a mim e a todos os seres humanos desta Terra!

Em nome da Divina Presença de Deus que EU SOU e pelo poder magnético do Fogo Sagrado investido na Chama Trina que arde em meu coração, e como sacerdote da Ordem de Zadkiel, faço esta invocação, aqui e agora:

Anjos da Chama Violeta, venham, mantenham o fogo da libertação por amor (3x), através de minha aura e meus sentimentos, do meu cérebro e meu mundo mental, meu corpo etérico, cada célula do meu corpo físico, minha casa, meus negócios, minhas finanças e assuntos a mim ligados, e também por toda a vida no planeta, até que toda a criação humana, sua causa e seu núcleo sejam dissolvidos e transmutados em pureza e perfeição, a fim de que a nossa Terra seja realmente A ESTRELA SANTA DA LIBERDADE.

Humildemente, vos agradeço pela resposta a este apelo vindo do meu coração, porque o Fogo Violeta do Amor é libertador e nunca falha em produzir pureza e perfeição, e EU SOU ESSE FOGO VIOLETA EM AÇÃO! (3x)

Decreto do Fogo Violeta e do Tubo de Luz[31]

Ó, minha Presença do EU SOU, tão constante e cheia de amor! Tu que és a Luz de Deus no alto, cujo resplendor forma um círculo de fogo diante de mim para iluminar o meu caminho:

Fielmente, apelo para Ti, para que coloques agora mesmo ao redor de mim um grande pilar de Luz da minha divina e poderosa Presença do EU SOU! Mantém-no intacto a cada instante, manifestando-se como uma cascata resplandecente da maravilhosa Luz de Deus, que nenhum elemento da natureza humana pode penetrar.

Faz subir, por este maravilhoso círculo elétrico de energia divina, uma onda de fogo violeta da chama transmutadora da liberdade!

Que a sua energia, em contínua expansão e projetada para baixo, para o campo de força das minhas energias humanas, transforme completamente qualquer condição negativa na polaridade positiva do meu Grande Eu Divino! Que a magia da sua misericórdia purifique tão profundamente o meu mundo pela Luz, que todos aqueles que eu contatar sejam abençoados com a fragrância de violetas do coração de Deus, em memória do dia abençoado que começa a aparecer, em que toda a discórdia – causa, efeito, registro e lembrança – será transformada para sempre na vitória da Luz e na paz do ascenso Jesus Cristo.

---

31. *Orações, Meditações e Decretos Dinâmicos* (Summit Publications, 2009).

Eu aceito agora, conscientemente, o pleno poder e manifestação deste fiat de Luz, e decreto que entre, instantaneamente, em ação através do livre-arbítrio que Deus me concedeu e do poder de acelerar sem limites esta sagrada ajuda vinda do coração do próprio Deus, até todos os homens ascenderem e serem livres na Luz que nunca, nunca, nunca falha!

Irradiai a Chama Violeta

Em nome da amada e poderosa Presença de Deus EU SOU em mim, da Chama Trina que arde em meu coração e no coração de toda a humanidade, do meu Santo Ser Crístico Pessoal, eu, (*fale seu nome de batismo*), invoco aqui e agora o amado Saint Germain e vós, grandes Seres de Luz da Chama Violeta, para que dirijam as purificadoras forças do Fogo Violeta por intermédio de nosso campo de força e aura, nossos quatro corpos inferiores, e através de toda substância que vem até nós para se libertar e para toda energia que leve a nossa marca ou selo.

Peço-vos que dirijais a irradiação transmutadora da Chama Violeta através de cada pessoa, lugar, de todos os acontecimentos, através do reino elemental, de todos os pássaros, animais e de toda a vida em volta de (*fale o nome da cidade e do país que deseja*) e em toda a Terra. Mantenha tudo isso até que, em todo lugar, as imperfeições humanas com suas causas, germes, bactérias, fungos e vírus sejam transmutadas em pureza, liberdade e divina perfeição.

Assim seja.

Amém! Amém! Amém! Amém!

Apelo ao Manto da Chama Violeta

EU SOU, EU SOU, EU SOU a presença vitoriosa do Deus Todo-Poderoso que alimenta o Fogo Violeta da Liberdade (3x) em cada partícula de meu ser e em meu mundo. Sela-me em uma coluna de Fogo Sagrado e transforme (3x) toda a criação humana em mim, ao meu redor, e na qual eles são enviados contra mim, em pureza, liberdade e perfeição.

Assim seja.

Amém! Amém! Amém! Amém!

Decreto para Elohim Arcturus[32]

Em nome da Divina Presença EU SOU O QUE SOU, da Chama Trina em meu coração, em nome Jesus Cristo, da Divina Mãe Maria, neste momento invoco o amado Elohim Arcturus e Vitória para que deem a este meu decreto todo o poder de manifestação, a fim de liberar um fluxo infinito de Chama Violeta para transformar todas as condições que não sejam da Luz em minha consciência e em todos os habitantes deste planeta, incluindo (*fale as situações, as pessoas e os lugares de sua vida que deseja que sejam abrangidos*).

1. Amado Arcturus, libere agora o fluxo
   da Chama Violeta para ajudar toda vida a crescer,
   em círculos de luz sempre em expansão,
   que pulsa dentro de cada átomo tão brilhante.

   Refrão:
   Amado Arcturus, sua Chama Violeta pura,
   É para cada doença a cura definitiva,
   Pois contra ela nenhuma escuridão pode resistir,
   E a liberdade da Terra por ela é garantida sempre.

2. Amado Arcturus, ó Elohim livra-nos,
   abrimos nossos corações para sua realidade,
   não temos apegos à vida aqui na Terra,
   reivindicamos uma nova vida
   em sua Chama do Renascimento.

   Refrão:
   Amado Arcturus, sua Chama Violeta pura,
   É para cada doença a cura definitiva,
   Pois contra ela nenhuma escuridão pode resistir,
   E a liberdade da Terra por ela é garantida sempre.

3. Amado Arcturus, esteja conosco sempre,
   renasce, estamos prontos para enfrentar um novo dia,
   expandindo nossos corações para o Infinito,
   sua chama é a chave para a vitória de Deus.

---

32. 2020, Kim Michaels.

Refrão:
Amado Arcturus, sua Chama Violeta pura,
É para cada doença a cura definitiva,
Pois contra ela nenhuma escuridão pode resistir,
E a liberdade da Terra por ela é garantida sempre.

4. Amado Arcturus, seu Fogo Violeta brilhante,
agora preenche todos os átomos, elevando-os mais alto,
o espaço em cada átomo todo preenchido com sua luz,
já que a própria matéria está brilhando intensamente.

Refrão:
Amado Arcturus, sua Chama Violeta pura,
É para cada doença a cura definitiva,
Pois contra ela nenhuma escuridão pode resistir,
E a liberdade da Terra por ela é garantida sempre.

5. Amado Arcturus, sua graça transformadora,
nos capacita agora a cada desafio a enfrentar,
com sua Canção da Liberdade enchendo os ouvidos,
sabemos que por Deus somos sempre tão queridos.

Refrão:
Amado Arcturus, sua Chama Violeta pura,
É para cada doença a cura definitiva,
Pois contra ela nenhuma escuridão pode resistir,
E a liberdade da Terra por ela é garantida sempre.

6. Amado Arcturus, renunciamos a todo medo,
estamos sentindo sua presença tão tangivelmente perto,
enquanto sua luz violeta inunda nosso espaço interior,
em direção à ascensão que corremos de boa vontade.

Refrão:
Amado Arcturus, sua Chama Violeta pura,
É para cada doença a cura definitiva,
Pois contra ela nenhuma escuridão pode resistir,
E a liberdade da Terra por ela é garantida sempre.

114 | Decretos dos 12 raios

7. Amado Arcturus, traga uma nova era,
ajude a Terra e a humanidade a virar uma nova página,
sua luz transformadora nos dá certeza,
a Idade de Ouro de Saint Germain é uma realidade.

Refrão:
Amado Arcturus, sua Chama Violeta pura,
É para cada doença a cura definitiva,
Pois contra ela nenhuma escuridão pode resistir,
E a liberdade da Terra por ela é garantida sempre.

8. Amado Arcturus, ilusões que você perfura,
nenhuma serpente pode resistir aos anjos tão ferozes,
nenhuma força das trevas pode parar a Chama Violeta,
toda discórdia na Terra será domada instantaneamente.

Refrão:
Amado Arcturus, sua Chama Violeta pura,
É para cada doença a cura definitiva,
Pois contra ela nenhuma escuridão pode resistir,
E a liberdade da Terra por ela é garantida sempre.

9. Amado Arcturus, nós amamos Saint Germain,
e, portanto, invocamos uma e outra vez,
sua Chama Violeta para inundar toda a Terra,
então os olhos de Saint Germain se enchem de alegria.

Refrão:
Amado Arcturus, sua Chama Violeta pura,
É para cada doença a cura definitiva,
Pois contra ela nenhuma escuridão pode resistir,
E a liberdade da Terra por ela é garantida sempre.

Selamento final:

Em nome da Mãe Divina, aceito plenamente que o poder dessas chamadas é usado para libertar a luz da Mãe, para que possa revelar a visão perfeita de Cristo para minha própria vida, para todas as pessoas e para o planeta. No nome EU SOU O QUE SOU, está feito e selado! Amém.

A Chama Viva da Liberdade Cósmica[33]

Em nome da amada, poderosa e triunfante Presença de Deus EU SOU em mim, do meu amado Santo Cristo Pessoal, dos amados príncipes Oromasis e Diana, do amado Lanello, de todo o Espírito da Grande Fraternidade Branca, da Mãe do Mundo e dos elementais dos reinos do Fogo, Ar, Água e Terra, eu decreto:

EU SOU a chama imortal da liberdade cósmica!

Eu exijo que todas as minhas energias concentradas no exterior se submetam à Grande Chama Divina que arde no meu coração!

Eu exijo que seja exercido um controle divino eficaz sobre todas as circunstâncias exteriores!

Eu exijo que tudo o que não for uma expressão de Luz seja transmutado e transformado, e que eu me converta na plenitude daquilo que já sou, porque EU SOU a absoluta perfeição de Deus!

EU SOU a chama viva da liberdade cósmica!

EU SOU a alegria radiante de Deus que atravessa os meus quatro corpos inferiores e desce do coração da minha Presença para dar-me agora a minha liberdade!

EU SOU o poder regenerador do Espírito de Luz e Fogo que me eleva até a vitória da minha ascensão, e que é o poder acumulado da vitória dos santos e seres ascensos de todas as eras, fazendo-me ascender e retornar ao coração de Deus na sua consciência imortal. Assim, ajuda-me, ó Deus!

E com toda fé, eu aceito conscientemente que isto se manifeste, que se manifeste, que se manifeste! (3x) Aqui e agora com pleno poder, eternamente mantido, onipotentemente ativo, em contínua expansão e abrangendo o mundo inteiro, até que todos tenham ascendido totalmente na Luz e sejam livres! Amado EU SOU! Amado EU SOU! Amado EU SOU!

---

33. *Orações, Meditações e Decretos Dinâmicos* (Summit Publications, 2009).

Ó, Chama Violeta, vem, Chama Violeta![34]

Em nome da amada, poderosa e vitoriosa Presença de Deus EU SOU em mim, do meu amado Santo Cristo Pessoal, do amado Lanello, de todo o Espírito da grande Fraternidade Branca, da Mãe do Mundo e da vida elemental dos reinos do Fogo, Ar, Água e Terra, eu decreto:

Ó, Chama Violeta, vem, Chama Violeta,
Fulgurar, fulgurar, fulgurar
Ó, Chama Violeta, vem, Chama Violeta,
Elevar, elevar, elevar!

(Repita a quadra entre cada uma das seguintes terminações)

1. A Terra e os que nela vivem. (3x)
2. As crianças e os seus mestres. (3x)
3. As plantas e os elementais. (3x)
4. O ar, o mar, a terra. (3x)
5. Que todos compreendam. (3x)
6. A todos abençoa pela mão de Omri-tas. (3x)
7. EU SOU, EU SOU, EU SOU, a plenitude do plano de Deus, manifestada agora mesmo e para sempre. (3x)

E com toda fé eu aceito conscientemente que isto se manifeste, que se manifeste, que se manifeste! (3x) Aqui e agora com pleno poder, eternamente mantido, onipotentemente ativo, em contínua expansão e abrangendo o mundo inteiro, até que todos tenham ascendido totalmente na Luz e sejam livres! Amado EU SOU! Amado EU SOU! Amado EU SOU!

---

34. *Orações, Meditações e Decretos Dinâmicos* (Summit Publications, 2009)

8º RAIO

Mestre Ascenso: Mestra Cristal

Cor: Água-marinha com raios turquesa-cristalino

Atributos: Integração, o eterno fluxo, a Chama Trina, luz de cristal, clareza, percepção divina, discernimento, lucidez, rapidez.

Dia: Domingo

Arcanjo: Metatron

Elohim: Da Ordem Chaioth Há Qadesh

Este é o raio da integração, em que integramos a mestria dos sete raios por meio da Chama de Cristo, a Chama Trina. Este raio corresponde à câmara secreta do coração, um chacra de oito pétalas por trás do chacra do coração, no qual a Chama Trina está selada.

O fluxo da espiral em forma de oito ou este oitavo raio, do homem interno para o homem externo, exige que as avenidas das células da consciência sejam purificadas e, para isso, recebemos instruções necessárias para tanto.

Quando pensamos nos bilhões de células do corpo físico, cada uma delas mantendo um fluxo em forma de oito entre o Sol e por trás do Sol e a célula, percebemos como a vida pode pulsar verdadeiramente bem aqui onde cada um se encontra neste instante.

Quando há um determinado percentual de falta de fluxo em correlação direta com o percentual de carma que ainda precisa ser equilibrado e o percentual de substâncias tóxicas que se permitiu acumular no corpo físico, podemos sentir este peso. Mas tudo se reduz ao próprio medo, pois este gera uma verdadeira oposição ao Sol no interior da célula. Assim como existem próton e antipróton, matéria e antimatéria, existe também o antissol.

Medo é a própria negação da identidade de quem realmente somos. Por isso, devemos afirmar com convicção: EU SOU, e assim fazemos uma declaração com absoluta convicção divina de que existimos neste elo eterno do fluxo em forma de oito.

Quando, por inúmeros motivos, o medo se torna maior do que a pulsação de luz no interior da célula, podemos ver que o antissol assumiu o controle e se tornará mais poderoso que o próprio Sol na célula.

Neste Raio, podemos então trabalhar todos esses aspectos, buscando nos purificar a tal ponto que poderemos perceber que a própria consciência está distribuída por todo o corpo, por toda parte de nosso campo de força, nos quatro corpos inferiores e na aura, assim como os pontos solares de cada célula são irradiadores da Mente de Deus.

O 8º Raio é onde podemos encontrar, na câmara secreta do coração, o guru, o mentor. O local onde as leis do Cosmo são escritas no interior do homem. Escrita nas paredes internas da câmara secreta do coração. Aqui onde sentimos prazer nas leis do Senhor.[35]

Por que Equilibrar a Chama Trina

Deve-se equilibrar a Chama Trina porque, se ela estiver em desequilíbrio, representa uma psique ou psicologia em desarmonia. Pense nas três plumas da psicologia e no círculo branco que está na sua base. O poder precisa ser controlado pela sabedoria e o amor deve ser o árbitro de todas as situações. Portanto, se em alguma situação houver algo em demasia e, em outra, não existir o suficiente, está desequilibrado. Deve-se buscar o equilíbrio diariamente, pedindo que se manifeste.

O equilíbrio do núcleo do fogo branco da Mãe mantém o equilíbrio.

Decreto da Chama Trina

Em nome do Pai Divino, em nome da Mãe Divina, em nome do Filho Divino, em nome do Espírito Santo Divino, amada, suprema e vitoriosa Presença de Deus EU SOU em mim, meu amado Santo Ser Crístico e Santo Ser Crístico de toda a humanidade, amados Senhores de Luz da Grande Fraternidade Branca, amado Paulo, Veneziano e todos os seres ascensos que trabalham com ele e com o poder dos cinco elementos sagrados, Terra, Água, Fogo, Ar e Éter, eu, (*fale seu nome de batismo*), decreto:

Expandam, expandam, expandam, para todo sempre, expandam as atividades perfeitamente equilibradas do Amor Divino, da Sabedoria Divina e do Poder Divino, que se encontram emergentes na gloriosa e

---

35. Salmos (1:2; 23:1) e Romanos (7:22).

imortal Chama Trina da Verdade Eterna, ancorada aqui mesmo dentro de meu coração palpitante.

Expandam a Luz, a substância e os sentimentos do controle divino e vitória desta Chama em, através e ao redor de mim, até que esteja em completa posse e controle de todas as energias de minha corrente de vida neste orbe terrestre.

Determino que esta Chama Tríplice de minha divindade me dirija, me corrija, me proteja e me aperfeiçoe a todo instante, mantendo-me sempre abastecido com a ilimitada abundância do dinheiro, da saúde, da felicidade e de toda coisa boa que eu requeira para a realização de meu plano divino preestabelecido antes de vir a existir.

Mantenham essas atividades eternamente sustentadas, com poder ativo e sempre em contínua expansão, expandindo, expandindo, expandindo, até o momento em que eu esteja livre e em ascensão.

Peço para mim também o que peço para todos os que pertencem às evoluções da Terra que não tenham, todavia, ascendido.

Com minha consciência divina, aceito esta realização agora mesmo com pleno poder. (3x) Amém! Amém! Amém! Amém!

Bem Fundo no Meu Coração

Bem fundo no meu coração, Senhor,
Arde uma Chama Trina,
Dádiva do meu Pai,
Dando-me vida em seu nome
Sabedoria e poder
Protegidos pelo amor a cada hora.
Bem fundo no meu coração,
Senhor,
Aí vives tu, EU SOU.

Bem fundo nos seus corações, Senhor,
Todos os que amam Saint Germain
Que servem a sua causa e
Invocam a Chama Violeta.

Estes amam-te muito,
Adoram o EU SOU com sinceridade
Bem fundo nos seus corações, Senhor,
Eles vivem só para ti.

Bem fundo em todos os corações, Senhor,
Está essa centelha divina,
Que ela se expanda agora,
Que se eleve e brilhe
As sombras dissolvem-se
A Luz de Deus impregna toda a Terra
Bem fundo em todos os corações, Senhor,
A tua Vida volta para ti.

Bem fundo no teu coração, Senhor,
Meu Santo Cristo Pessoal
Aí com a tua sabedoria
Ensina a todos a realidade do Amor
Possui-me agora
Dissolve todas as obsessões humanas
Bem fundo no teu coração, Senhor
Dá a todos a Vitória Crística

Bem fundo no coração de Deus, agora,
A Terra tornar-se-á um Sol
As suas evoluções,
Radiantes, ascensas e livres
Mestres e Elohim
Poderosos Arcanjos e Serafins
Bem fundo no coração de Deus,
Eles selam a Terra eternamente.
Assim seja.

Amém.

Eu Sou o Santo Graal

Eu me concentro no Santuário
Onde o Deus do Amor vive
Eu levanto o cálice do meu ser
Eu me ofereço com fervor
Peço a Deus para reiniciar
Este Graal da minha vida
Com a luz de sua presença
A razão da minha existência.
(3x)

Para Alinhamento com a Luz da Fonte

Amadíssima Presença de Deus EU SOU em mim e em todos os reunidos aqui agora, e dos guardiões da Chama Divina Imortal.

De todos os trabalhadores da Luz que defendem a santíssima Chama Trina da Vida e de todo o Espírito Grande da Fraternidade Branca, dos regentes dos elementos e seus elementais, decreto:

Por tua infinita misericórdia e pela tua autossustentável compaixão, reconecte-me com a profunda sabedoria do ser, para alcançar as imensas asas da perfeita liberdade que mereço por direito divino de nascimento.

Purifica-me agora de toda velha cocriação relativa aos véus de ignorância e a destrutividade da escuridão mental da terceira esfera de vibração.

Agora, lembro-me de ti e declaro firmemente: EU SOU A LUZ DA FONTE.

EU SOU o serviço consagrado ao amor manifestando-se na Terra por impecável intercessão dos Ofícios de Cristo – Eu Superior.

EU SOU o Cristo vivente em inesgotável serviço de amor incondicional. EU SOU a plena e perfeita alegria e regozijo interior, portando de forma honorável as energias que vêm da minha opulenta Presença EU SOU.

EU SOU a consumação do excelso poder criador espargindo a nova senda da divindade para a ascensão e em vibrante instrumento de paz num abraço à nova humanidade.

OM TAT SAT OM!

EU SOU a pureza do amor.

OM TAT SAT OM!

EU SOU a vitoriosa liberdade em meu coração, e permaneço imutável em meu centro de luz e poder, para doce cumprimento de minha perfeita realização.

Graças porque tudo já está concedido e realizado.

EU SOU, EU SOU, EU SOU na Luz Divina Maior EU SOU (*fale seu nome de batismo*). Amém! Amém! Amém! Amém!

Decreto a K 17[36]

Este ser pertence ao chamado *serviço secreto* espiritual e diz que ficaríamos surpresos ao vermos como apenas poucas almas, entre bilhões, removem montanhas e estão a serviço do mundo, possuindo educação e autoconfiança, e mantendo intacto o elemento de sua Divindade para poder fazer a diferença. Seja uma delas. E faça o decreto:

K 17, filho da Luz
Tua armadura de proteção reluz
A serviço da luminosa fraternidade,
Em nome da querida liberdade,
O poder do EU SOU proclama
E guarda da liberdade a chama.

Refrão:
Flor de esperança, Chama Trina
Flor-de-lis, de origem divina
Símbolo que Saint Germain emana
Protege o guardião da Chama
Pelo vosso secreto poder
A toda hora vem nos proteger.

---

36. K 17 = Key Seventeen. *Pearls of Wisdom*, vol. 47, 2004.

Amor silencioso, sempre em ação
Por pura consideração
Pela Luz dos nossos irmãos
Pela nossa fraternidade de branco
O anel impenetrável revelado
O anel impenetrável por Deus selado.

K 17, teu poder secreto
Guarda a Terra a toda hora
Do teu serviço em toda parte presente
Pelo supremo olho onividente
Envia um raio de proteção
Da paz de teu grandioso coração.

Decreto para Alinhar os Corpos

Neste sagrado instante, eu, (*fale seu nome de batismo*), em nome da minha Divina Presença EU SOU, Santo Cristo Pessoal, da Santíssima Trindade, de todos os seres da Grande Fraternidade Branca ascensos e não ascensos, dos poderes dos quatro elementos, invoco, aqui e agora, a atuação desde o meu coração pulsante e para todo o meu corpo energético da Divina Lei da Graça e me sintonizo de imediato com as sagradas Câmaras da Luz de Cristal dentro da pirâmide de 5ª dimensão, para a regeneração e cura de todo o meu sistema humano em seu vitorioso intento de transformação total. Que nelas se produzam agora as ativações necessárias dos quocientes totais de luz de meu novo veículo de expressão e manifestação evolutivas, a própria transmutação de toda a energia que tenha sido calcificada negativamente, e a estabilização regular de todas as criações discordantes com os benefícios da resplandecente Chama Violeta da compassiva liberação mestra.

Agradeço, infinita e permanentemente, a assistência que tenho recebido de meus decretos e apelos, de toda Hierarquia Cósmica, e me dedico a desfrutar de seus efeitos harmonizadores para todo bem aqui na Terra.

Assim é. Assim será sempre. Amém. Amém. Amém. Amém!

Decreto à Chama Trina

Amada, poderosa e vitoriosa Presença de Deus EU SOU em mim, meu amado Santo Cristo Pessoal e de toda a humanidade, Amada Deusa da Liberdade e os Senhores dos Sete Raios Cósmicos e todos os que servem como auxiliares no plano de evolução humana, e pela força dos reinos do Ar, Fogo, Terra e Água, eu, (*fale seu nome de batismo*), agora decreto:

Expandam, expandam e, para todo sempre, expandam as atividades do Amor, Sabedoria e Poder Divinos em meu coração, equilibrando essas três chamas que estão plenamente acopladas com a gloriosa Chama Imortal da Verdade Eterna na Luz da perfeição, ancorada e pulsando dentro de meu coração físico.

Expandam esta Luz, a substância e os sentimentos do controle divino e da vitória desta Chama Divina, aqui, através e ao redor de mim, até que, perfeitamente, equilibre estas plumas, envolva todo o meu ser e controle todas as energias de minha corrente de vida totalmente.

Que esta Chama Trina de minha divindade me dirija, me corrija, me proteja e aperfeiçoe em todo momento, mantendo-me sempre preenchido com a ilimitada substância de toda coisa boa que eu requeira para a realização de meu plano divino e perfeita integração no fluxo das energias em forma de oito, unindo céu e terra.

Invoco vossas energias de Luz para que as mantenham e sustentem-nas poderosamente ativas e sempre em expansão, envolvendo todo meu ser, o que peço também para todos que pertencem a esta evolução terrena e que ainda não ascenderam, aceitando-se conscientemente que isto se produza, agora mesmo e com todo poder.

Assim seja.

Amém! Amém! Amém! Amém!

Purificação da Mente e do Cérebro Físico

Em nome da minha Divina Presença EU SOU, por intermédio do Fogo Sagrado da Divindade ancorado em meu coração, eu, (*fale seu nome de batismo*), neste momento, vos chamo, amados grandes seres de Luz, Elohim Vista e amada Senhora Cristal para invocar que, de seus grandes corações cósmicos, verta neste ato um fulgurante raio de luz em meu veículo mental, minha mente etérica e a estrutura física do meu cérebro, para que eu possa ver e ouvir a beleza do meu Santo Cristo Pessoal.

Humildemente, peço ajuda de um dos anjos do seu templo para auxiliar na manutenção desta atividade purificadora deste Raio Cósmico Luz de Cristal.

Mantenha esta chama sagrada pulsando constantemente através de cada célula, molécula, átomo e elétron da estrutura deste meu cérebro físico, até que minha mente e meu cérebro sejam restaurados à sua pureza de substância cristalina original.

Ajude-me a estar totalmente alerta às impressões e à intuição que venham dos planos superiores de Luz novamente, para que eu possa adquirir a habilidade de transmitir os pensamentos divinos que receber à manifestação. Expanda a harmonia de meu verdadeiro eu para preencher meus quatro corpos inferiores e meu amado corpo elemental, curando-os com os tons da harmonia cósmica e trazendo-os de volta à ação divina com meu sagrado Eu Crístico. Ajude-me, constantemente, a manter a paz em minha mente externa, dissolvendo, instantaneamente, com esta Chama que invoco e todos os pensamentos de expressão autogerada que se manifestam. Como o mar, refletindo o Sol, ajude-me a manter meu cérebro constantemente aberto ao plano divino do Universo, e então vendo e conhecendo este plano, ajuda-me a expressá-lo.

Creio, tenho fé e aceito plenamente que isto se realize pelo poder do 3x3, até que todos neste plano de evolução tenham obtido direito à ascensão e ascendam às oitavas superiores de Luz.

Assim seja.

Amém! Amém! Amém! Amém!

Faculdades Criativas do Meu Ser

Em nome da Grande Lei da Vida Eterna,
A poderosa verdade e realidade de meu Eu Divino, eu, (*fale seu nome de batismo*),
Me concentro agora na Chama da Vida que EU SOU e:
EU SOU, fazendo o Fogo Sagrado brilhar
Através do meu centro cardíaco (3x)
EU SOU, fazendo o fogo brilhar
Sagrado em minha mente (3x)
EU SOU, fazendo o Fogo Sagrado brilhar
Por meio de todos os centros do meu ser (3x)
EU SOU o Conceito Divino de minha própria perfeição, e esta é a única realidade ativa nas faculdades.
Criadores do meu ser.
Eu agora exijo o uso total e o domínio de todos
as faculdades internas e todos os centros de força
dentro de mim.
EU SOU a plena aceitação de minha Divindade.
Tornar-se é o cumprimento da Lei, e meu
desejo apenas.
EU SOU, eternamente, selado em beleza
e perfeição do Fogo Sagrado e acredito só na perfeição Divina
de sua perfeição.
Assim seja, amado EU SOU.

Bênção

Que você desperte para o mistério de ser...
Conforme você entra na imensidão silenciosa da Presença Divina uma.
Que você possa responder ao chamado da Graça Divina...
De seu contrato sagrado e reivindique coragem para seguir seu caminho.
Que você escolha reservar um tempo para celebrar os milagres silenciosos ao seu redor que não buscam atenção.
Que você tenha a fé inabalável para experimentar cada dia como um dom sagrado tecido ao redor do coração divino da maravilha universal.

Desejo do Discípulo

EU SOU O QUE EU SOU!
Ao ter fé na beleza e no poder interior, desenvolvo confiança.
Na suavidade, tenho força.
No silêncio, sou divindade.
Em paz, respeito toda a vida.
Em conflito, eu me rendo. No desapego, estou livre.
Em reverência por toda a vida, valorizo a universalidade.
Na dedicação, eu honro o espírito da unidade.
Na eternidade, tenho compaixão pela natureza de todas as coisas.
No amor, aceito, incondicionalmente, a evolução de toda a vida.
Em liberdade, sou poder.
No serviço, eu proponho transformação...
EU SOU O QUE EU SOU!
Eterno, imortal, universal e infinito
EU SOU.

9º RAIO

Mestres Ascensos: Lao Tsu (ou Tsé) e Mestra Kwan Yin

Cor: Magenta com lavanda

Atributos: Compaixão, perdão, misericórdia, piedade, harmonia, equilíbrio, segurança e confiança em Deus.

Dia: Segunda-feira

Arcanjo: Ratziel

Elohim: Ofanim, mentes de luz dos anjos

Este raio tem um caráter sublime, que envolve a atuação de um dos membros do Tribunal ou Conselho Cármico. Em sua vibração, tem a capacidade de estabelecer um padrão necessário para a cura do ser humano, pois a sua energia aumenta as qualidades humanas fortalecendo especificamente o amor incondicional, provocando, de maneira positiva, um efeito equilibrador para restabelecer o projeto original da raça humana. Esse amor está ligado diretamente à compaixão, misericórdia divina e piedade divina.[37]

Trabalhando com o favorecimento do sistema nervoso, limpando quaisquer emoções negativas pela frequência deste raio, colocando em equilíbrio a energia Yin ou o aspecto feminino do ser, deixando uma leveza esplêndida no coração, iniciando a cura pela transformação pessoal.

De forma sublime, evidencia-se uma forte vibração amorosa com a vida, estabelecendo-se desde logo a estabilidade necessária para quando surgirem eventuais desafios que coloquem em teste as qualidades humanas, expandindo a luz interna de cada um.

Assim como a amada Kuan Yin tem como expressão de sua atuação a Flor de Lótus – representa a pureza e a beleza que, escondida aos olhos humanos, emerge das águas turvas –, também podemos manter a nossa energia de pureza espiritual, superando e vencendo as energias que vêm do astral inferior para nos elevarmos além.

---

37. Ver: LÂTARE, Mahrcos A. *No Coração de Kuan Yin: onde nasce a compaixão.* São Paulo: Alfabeto, 2015.

Somente com a capacidade de crescimento e expansão do ser humano pode-se atribuir capacidade à alma de criar o enobrecimento da mente humana para manifestar esse Amor Divino e elevar-se na vibração de outros raios divinos rumo à ascensão.

Invocação de Kuan Yin

Eu sou a Luz do mundo, sou um ser que veio da Luz, vive na Luz e cria a Luz. Onde quer que eu vá, eu sou as mãos de Deus trabalhando na Terra, e estou inspirado pela Divina Vontade.

Eu sou conduzido pela Força Divina e eu estou trabalhando no Plano Divino.

Eu sou um membro ativo da Fraternidade Branca e sou apoiado por todos os membros da Hierarquia, e estou trabalhando em um projeto específico da Hierarquia.

Eu faço parte do novo grupo de criados do mundo, eu faço parte de uma cadeia de amor e boa vontade que se estende para todos os cantos do planeta.

Eu sou o ponto de partida para a chegada à Terra dos Mestres da Hierarquia.

Eu sou uma antena cósmica que se abre para o infinito, para receber as bênçãos do Altíssimo.

Eu sou um emissor de todas as energias que estou recebendo para multiplicá-las aonde quer que eu vá e faça com que elas atinjam os lugares mais incomuns.

Pleito e Apelo a Kuan Yin

Vimos, perante vós, no altar de nossas consciências e corações, amada Senhora da Compaixão, para agradecer, neste momento, a graça de nossa existência terrena e nossa proteção, assim como todas as dádivas e benefícios que recebemos pelas irradiações da Luz maravilhosa de vosso divino coração, bem como pela oportunidade de aprendermos que os sofrimentos e as dores que vivemos neste mundo nos têm servido de grande experiência neste caminho espiritual de aperfeiçoamento.

130 | Decretos dos 12 raios

Rogamos, Divina Senhora, que vos digneis a nos auxiliar sempre com o fim de não permitir que descansemos antes de cumprir as milhas que temos que caminhar e não estacionemos em nossos propósitos de desenvolvimento espiritual e libertação das amarras do Samsara. Honrada Senhora Kuan Yin, pedimos com humildade em nossos corações que nos sejam concedidas forças e determinação para perseverarmos neste objetivo de terminar o incansável giro do tempo cármico. Apelamos assim a vós, ainda, que intercedais como nossa defensora aos demais Grandes Senhores do carma, para que nos concedam a oportunidade de aprender mais e mais a expandir a luz de nosso corpo causal a fim de cumprirmos a missão que prometemos realizar antes de nascermos. Desde já, colocamo-nos ao vosso dispor para as tarefas e missões que formos dignos de que sejam a nós confiadas.

Assim seja.

Invocação à Bem-amada Kuan Yin

Em nome da poderosa, misericordiosa Presença Divina EU SOU, fonte imortal autogerada da expressão de minha existência, e através da força magnética do Fogo Sagrado que habita em meu coração e em todos os corações dos defensores e guardiões da Luz, irradiamos nossos sinceros sentimentos de gratidão à Divina Senhora da Compaixão e da Misericórdia, amada Kuan Shi Yin, que ouve os clamores do mundo e intercede pela salvação de todos os seres sencientes, pelo esplêndido e magnífico serviço que executa, incansavelmente, pela vida e por tudo o que não respeita a ordem divina, com o objetivo de transmutar e transformar tais substâncias desqualificadas para a condição da pureza divina.

Inclinamos nossas cabeças em reverência humilde a vós, ó amada, reconhecendo vosso ato de consagração de servir à humanidade, sem ascender ao Nirvana, até que todos sejam salvos da dor e do sofrimento.

Possa, Senhora Divina, vossa irradiação da Misericórdia Divina alcançar todos os cantos do mundo, todos os lares, orfanatos, asilos, hospitais, presídios, envolvendo a tudo e a todos na magnificência radiância da Chama Lilás e Lavanda, trazendo o bálsamo curativo para as almas.

Como intercessora, defensora nossa perante o Conselho do Carma, transformai, por meio da irradiação da Luz de vosso coração santo e sagrado, toda injustiça que possamos, em nossa ignorância como crianças, ter praticado contra qualquer ser vivente, qualquer partícula de vida, incluindo os seres espirituais, como anjos e seres elementais da natureza e o elemental de nosso corpo.

Que a linha do tempo retroceda e apague todo registro cármico, para que possamos nos unificar com nosso Santo Ser Crístico e nossa Divina Presença EU SOU, aqui e agora.

Não pedimos somente para nós, mas também para nossos familiares e entes queridos, para que despertem do sono que dormem, e transformai pela Chama da Misericórdia toda discrepância, todo erro, falha ou dano, consciente ou inconsciente, que possam ter provocado.

Permite-nos sentir a atuação desta magnífica experiência sagrada, resplandecendo a alegria em nós.

Bem-amada Senhora Kuan Shi Yin, viemos ainda à vossa presença rogar que permitais que possamos acender, em cada coração humano, a chama da compaixão e da misericórdia divinas, a fim de que, despertando para essa nova realidade, possam espargir essas qualidades superiores por todo o planeta e em suas próprias vidas.

Reverentemente, vos agradecemos e, no silêncio de nossa mente e coração, permanecemos na aura de vossa Infinita Luz.

Autoperdão e Perdão Para os Outros

Em nome da minha divina e poderosa Presença EU SOU, do meu Santo Cristo Pessoal, peço ao divino e amado Santo Espírito do Amor que ancore agora em mim o dom da Divina Redenção. AMADA PRESENÇA DIVINA EU SOU, EU SOU, EU SOU.

Eu, (*fale seu nome de batismo*), invoco agora em meu coração a Chama de Fogo Violeta, a Justiça Divina, aos Senhores da Graça e a Lei da Infinita Abundância, e através dos ofícios de Cristo e da Mãe Divina despertos em mim, declaro que:

Eu, (*fale seu nome de batismo*), me perdoo e te perdoo a ti, (*fale o nome de batismo da pessoa que deseja perdoar e romper qualquer vínculo*), me liberto e te liberto, por cada transgressão à Lei do Amor Divino original que juntos cocriamos em todas as nossas linhas de tempo e realidade, em todas as nossas encarnações pretéritas (vidas passadas). Me amo, me redimo, me absolvo e envio amor compassivo para conectar somente com teu Santo Cristo Interno.

Agora, sempre, eternamente.

Agora, sempre, vitoriosamente.

Agora, sempre, definitivamente.

Para todo o bem supremo de todos e em bendita unidade de ascensão.

Assim seja. Assim é. Assim sempre será. Creio e tenho ampla e irrestrita fé de que isto se concretize e se manifeste na matéria e no espírito.

Amém. Amém. Amém. Amém.

Decreto de Completa Libertação e Perdão

Eu, (*fale seu nome de batismo*), invoco, em nome de nossa real divindade, a sagrada conexão de coração a coração desde a minha amada e poderosa Presença EU SOU até ti (*nome das pessoas com as quais deseja romper qualquer vínculo ou relação*) por intermédio de tua amada e poderosa Presença EU SOU.

Decreto que, na amorosa unidade de nossa intenção e pensamento, me liberto e te liberto de toda a energia de desamor, destruição e limitação que eu, em qualquer momento ou época, tenha te projetado e que tu, da mesma forma, tenhas projetado até meu próprio e completo campo de energia pessoal.

E, por intermédio da força e do infinito poder libertador do perdão, e na ressonante luz dourada do meu radiante Cristo Interno, selo agora, neste momento, as feridas que nossos velhos laços tenham causado a toda a vida criada através da extensa linha de força de nossas reiteradas manifestações na Grande Roda de Encarnações.

Selado permaneço nas bem-aventuranças de minha pulsante Presença EU SOU O QUE EU SOU.

E aceito como realizado agora. EU SOU amor, perdão, redenção gloriosa. Portanto, agradeço ao EU SOU O QUE EU SOU, Divino Pai Eterno, que na sua Majestade Infinita me tem sustentado, orientado e protegido.

Assim seja, assim é e assim sempre será.

Amém. Amém. Amém. Amém.

Decretos para Afastar a Culpa

Decreto que todos os maus pensamentos de culpa que estão em minha mente e em minha alma sejam, imediatamente, liberados aqui e agora com a ajuda de todos os meus anjos e guias protetores. Assim seja. Assim é. E assim será daqui para sempre.

Eu concordo com a Grande Lei do Perdão, para que, através disso, eu possa perdoá-lo e pedir seu perdão, (*fale o nome da pessoa*), por todas as palavras, sentimentos, pensamentos e ações que tenha me dirigido. Dessa forma, eu me liberto e o liberto com todo o amor e luz.

Atenção: É importante que os decretos metafísicos sejam ditos três vezes seguidas e três vezes por dia, o que pode ser de manhã, de tarde e de noite, por no mínimo 21 dias consecutivos.

Decreto de Resolução Total de Desafios, Conflitos ou Qualquer Outra Questão

Em nome da minha poderosa e vitoriosa Presença de Deus EU SOU em mim, em nome de todos os trabalhadores de Luz que visam ao bem maior, em nome de todo Espírito da Grande Fraternidade Branca e dos Irmãos de Luz Ascensos, em nome das forças dos regentes dos elementos e dos elementais nos quatro pontos cardeais, decreto:

Eu, (*fale seu nome de batismo*), permaneço em meu centro de poder ancorando a Luz pura de minha essência imorredoura e, no altar de minha consciência e perante o Pai Divino, com sua bênção maior, resolvo agora esta situação (*fale o que deseja*). Em nome da Santíssima Trindade que habita em meu ser, para o bem maior de todos os envolvidos e considerando as infinitas possibilidades do Grande Espírito Criador, que é suprema luz, amor infinito, verdade absoluta e perfeição, tudo já está consumado, realizado plenamente.

(*Visualize a questão que deseja ser resolvida e veja-se envolto em uma energia de luz branca, como névoa, e afirme:*)

Assim seja. Assim é. E assim sempre será.
AMADO EU SOU. AMADO EU SOU. AMADO EU SOU.
EU SOU O EU SOU.
Amém. Amém. Amém. Amém!

Decreto do Amor Compassivo a Kuan Yin

Divina e abençoada Senhora da Compaixão, Kuan Shi Yin, invoco teu coração de lótus para que se sobreponha ao meu agora, Senhora da Compaixão e do Perdão, para que redima minhas faltas, suavize meu caminho nesta Terra e envie teus anjos de puro Amor Violeta para que eu não sinta a tristeza e o desalento.

Esparge teu óleo santo. Esparge teu óleo santo, esparge teu óleo santo sobre minha coroa.

Transforma agora toda sombra em luz e dá-me o perfume de tua essência divina para purificar meu coração redimido já na radiação de teu sublime amor.

EU SOU, EU SOU, EU SOU a Compaixão Infinita de teu próprio coração ardendo no meu, pulsando a vida eterna!

Assim seja, assim é e assim sempre será.

Amém! Amém! Amém! Amém!

Oração em Momento de Aflição

Namo Kuan Shi Yin Pu'sa (33x)

(*Salve, Kuan Yin*)

Divina Mãe, Senhora da Misericórdia e Perdão Divinos, nesta hora de dor, invoco teu coração de lótus e te peço, humildemente, que me banhes com sua essência luminosa. Acalma minha aflição, dá-me a luz do perdão, harmoniza meus pensamentos e preenche-me com teu puro amor divino. Graças te dou, Mãe poderosa, porque eu sei que tu tens me escutado.

(*Pense no motivo da aflição.*)

Amém. Amém. Amém. Amém.

(*Esta intercessão pode ser feita em nome de alguém, pedindo permissão à Divina Presença EU SOU da outra pessoa por intermédio de sua própria Presença EU SOU, colocando o nome nesta oração.*)

Oração ao Acordar

Neste novo dia, neste novo amanhecer, Ó Pai Divino, graças vos dou pelo abrir de meus olhos, pois vós me destes a vida.

Neste novo dia, peço, Ó Divina Senhora da Compaixão, Mãe Kuan Shi Yin, me abençoe com tua luz sublime, me dê a misericórdia e o perdão, inflame em mim a tolerância e a compaixão. Permita-me sentir o amparo desde o teu coração de amor e ajuda-me a sustentar a harmonia divina em todo ato que hoje eu vier a realizar neste mundo na matéria.

Graças te dou, amada Senhora Kuan Yin. Amém.

Lago de Fogo Lavanda/Violeta

Divina Mãe Kuan Yin, te peço, em nome da minha Divina Presença EU SOU e de meu Santo Cristo Pessoal, que, por atenção à Lei da Misericórdia, me leves (3x), me submerjas (3x) e me mantenhas (3x) submergido em teu Lago de Fogo Lavanda até que toda imperfeição em meu ser seja transmutada, limpa e apagada. Faço este pedido extensivo a toda a humanidade aqui e agora.

Graças te dou, Divina Mãe Kuan Yin.

Purificação no Lago Lavanda

Amada Mãe Kuan Yin, submerge-me em teu lago de Luz Lavanda e mantém-me aí submergido até que tudo em mim tenha manifestado a perfeição divina, e por tudo isto te dou graças.

Deusa da piedade, amada Senhora Kuan Yin, seja nosso guia para que alcancemos a vitória, o perdão de Deus e também a sua infinita misericórdia. O amor, que não cessa, flui fora de ti. Sentimos o poder da Chama da Misericórdia. Através da invocação, teu amor te pedimos para alcançar este Grande Poder de Deus e elevar toda a Terra nesta hora cósmica.

Graças te dou, Divina Mãe Kuan Yin. Amém.

Pilar de Luz Lavanda

Amada Senhora Kuan Yin, amados Anjos da Chama Lavanda, sejam vigilantes e vigiem para que não se aparte de mim meu pilar de Luz Lavanda, transmutem toda a energia mal usada que em mim haja, através e a todos que venham buscar liberação.

Divina Senhora Kuan Yin, te agradeço. Amém.

Oração para a Noite

Em nome do Pai, da bendita Mãe, do Filho e do Divino Espírito Santo, enquanto transcorre a noite e meu corpo descansa, chego ao centro do Templo Violeta da abençoada Mãe Kuan Yin, adentro em seu lago purificante de Luz Ametista, me submerjo em sua essência e sou renovado em todo o campo energético de meus veículos sutis.

O perdão me banha, igual como os raios da luz e das estrelas, escuto a voz de meu Santo Cristo Pessoal e Sua Santa Presença, e desperto agradecido pela luz de um novo dia, agradecido pelo amor e bênção da amada Kuan Yin.

Graças vos dou. Amém. Amém. Amém. Amém.

Bênção da Amada Mãe Kuan Yin, Deusa da Misericórdia

Que a Paz de Deus permaneça nesta família.

Que a Luz de Deus em suas almas.

Que a Sabedoria Divina esteja em suas mentes e corações.

Que a Virtude e a Pureza de Deus estejam em seus sentimentos!

Que a Força e a Vitalidade Divinas morem entre os membros de sua família.

Que a Saúde e o Bem-Estar Divinos se manifestem desde seus corpos até as roupas que vestem.

Que a Graça de Deus esteja em sua adoração.

Que os Talentos e Gênio Divinos se manifestem através de teus sentidos.

Que a Plenitude da Vitória no plano que Deus tem preparado brilhe em vossas almas ao final de vossas vidas terrenais!

Invoca-me e responderei.

Primeira Oração a Kuan Yin

Visualize a imagem de Kuan Yin e pense:
Busco refúgio no Buda, no Dharma e na Sangha!
Que os méritos gerados praticando a compaixão me permitam alcançar a Budicidade.
Kuan Yin, seja minha amiga virtuosa e mostre-me o caminho puro que conduz à iluminação.
Amém. Amém. Amém. Amém.

(*Imagine que uma luz branca procedente de Kuan Yin purifica você.*)

Segunda Oração a Kuan Yin

Que a paz de Deus, eterno Pai Criador de todas as grandezas, esteja neste local. Que seu Amor Infinito esteja em todos corações. Que a Luz Divina esteja em suas almas. Que a Sabedoria Divina esteja em suas mentes. Que a Virtude e a Pureza Divinas estejam em seus sentimentos. Que a Força e a Vitalidade Divinas estejam presentes em todos os membros de sua família. Que a Saúde e o Bem-Estar Divinos estejam em vossos corpos. Que a Graça Divina esteja em suas orações. Que o Talento e a Genialidade Divinos se manifestem através de vossos sentidos. Que a Plenitude da Vitória de seu próprio Plano Divino se manifeste através de suas almas ao concluir sua vida na Terra.

Graças vos damos, amada Kuan Yin. Que assim seja. É e sempre será. Amém. Amém. Amém. Amém!

As 108 Glórias de Kuan Yin

Podem ser feitas em múltiplos de três (9, 27, 54, 108), escolhendo entre as 108 glórias. Ou faça todas de uma única vez, por nove dias seguidos ou alternados.

1. Salve, Kwan Shih Yin Pu'sa.
2. Salve, refúgio dos seres sencientes.
3. Salve, joia que atende os desejos.
4. Salve, alegria das que querem ser mães.

5. Salve, redentora de nosso karma.

6. Salve a quem nos libera da desgraça.

7. Salve, fonte de saúde.

8. Salve, a amada.

9. Salve, a misericordiosa.

10. Salve, a que aumenta o amor.

11. Salve, a quem é bênção eterna.

12. Salve, a quem remove o temor e a angústia.

13. Salve, a quem recebe a todos os que buscam seu refúgio.

14. Salve, a que cuida de seus devotos.

15. Salve, fonte de amor.

16. Salve, a de atributos auspiciosos.

17. Salve, a quem nada é impossível.

18. Salve, a beleza personificada.

19. Salve, a de olhos charmosos.

20. Salve, o que é fácil encontrar.

21. Salve, ajuda dos abandonados.

22. Salve, nome que purifica ao ser ouvido.

23. Salve, pureza imaculada.

24. Salve, a quem seus votos são liberação para os devotos.

25. Salve, possuidora da glória divina.

26. Salve, a que ama a seus devotos.

27. Salve, a que destrói os sofrimentos dos que buscam sua ajuda.

28. Salve, a quem nos libera da Roda de Samsara.

29. Salve, a quem sua face olha para todas as partes.

30. Salve, digna de toda veneração.

31. Salve, encarnação da verdade.

32. Salve, personificação da virtude eterna.

33. Salve, senhora da paz.

34. Salve, a quem é majestade e glória.

35. Salve, a nossa Mãe protetora.

36. Salve, a quem carece de defeitos.

37. Salve, cheia de poderes milagrosos.

38. Salve, a quem veste roupagens de glória.

39. Salve, alegria no coração dos devotos.

40. Salve, encarnação da pureza.
41. Salve, pois tua glória transcende todos os mundos.
42. Salve, pois brilha na mente de seus devotos.
43. Salve, pois mora no coração de seus fiéis.
44. Salve, já que é fácil de comprazer.
45. Salve, a quem está mais além de todas as religiões.
46. Salve, frutificadora da terra.
47. Salve, refúgio dos que dependem dos elementos.
48. Salve, rainha dos mares do Sul.
49. Salve, a de 33 aspectos.
50. Salve, a quem reside nas terras de Amitabha.
51. Salve, a quem habita em Pu Tuo Shan.
52. Salve, a quem verte a água bendita sobre o mundo.
53. Salve, a que produz colheitas abundantes.
54. Salve, para quem surgem fontes de água pura.
55. Salve, a quem deu seus olhos e seus braços.
56. Salve, a quem os seres celestiais elevam ao céu.
57. Salve, solitária moradora da pagoda da colina.
58. Salve, a quem surge no meio da flor de lótus.
59. Salve, a quem possui a pérola que provê todos os dons.
60. Salve, a de rosto doce.
61. Salve, a quem é porto seguro.
62. Salve, a que é porta aberta.
63. Salve, coroada de luz.
64. Salve, a quem ascendeu entre os mestres.
65. Salve, a quem é levada por dragões.
66. Salve, a que é firme em seus votos.
67. Salve, suporte dos oprimidos.
68. Salve, Mãe dos 10 mil nomes.
69. Salve, digna de toda adoração.
70. Salve, benfeitora dos que lhe imploram.
71. Salve, senhora celestial.
72. Salve, a quem amamentou os campos de arroz.
73. Salve, a quem coloca a rocha para proteger a seus fiéis.
74. Salve, luz segura dos perdidos.

75. Salve, doadora da vida aos ventres estéreis.

76. Salve, capitã do barco da salvação.

77. Salve, cheia como a lua cheia.

78. Salve, caminho venturoso e feliz.

79. Salve, a quem é frutificação e sustento na terra.

80. Salve, a quem é limpeza e saúde na água.

81. Salve, a quem é energia e luz no fogo.

82. Salve, a quem é aroma e frescor no ar.

83. Salve, a quem sempre está desperta.

84. Salve, Mãe de todas as mães.

85. Salve, deusa do Tao.

86. Salve, Bodhisattva.

87. Salve, deusa vinda do Oriente.

88. Salve, consciência de compaixão.

89. Salve, a quem é misericórdia inesgotável.

90. Salve, pois seu poder rompe nossas cadeias.

91. Salve, a quem bendiz a renúncia voluntária.

92. Salve, a quem é laço de amor entre os amantes.

93. Salve, verdade mística.

94. Salve, a quem é a essência da formosura.

95. Salve, a quem veio ao Ocidente com seus fiéis imigrantes.

96. Salve, pois seu amor nunca falha.

97. Salve, dita transcendental.

98. Salve, a quem é o ornamento da alma pura.

99. Salve, a quem transforma o pranto em sorriso.

100. Salve, a quem troca os gemidos por música.

101. Salve, a quem coloca paz na desesperação.

102. Salve, a quem resplandece na obscuridade.

103. Salve, a quem encontra o perdido.

104. Salve, a quem cura o despejado.

105. Salve, senhora da Chama Violeta.

106. Salve, a ti que é minha amada deusa.

107. Salve, a ti a cujos pés de lótus me coloco.

108. Salve, Kwan Yin Pu'sa, a que ouve os prantos do mundo.

Decreto de Invocação a Mãe Maria

(Trabalho adicional para a cura do karma junto a Kuan Yin.)

Deus te salve, ó abençoada Maria. A teus pés, minha amada Mestra Ascensa, Virgem da Imaculada Concepção, te peço que me socorras para a cura de todos os meus karmas. Que, com teus raios principais de Luz, branco, verde e azul-celeste, consigas por tua divina intercessão curar-me com harmonia e proteção divinas.

Entrego-me a ti, Mestra amada, para que me acompanhes em minha missão divina na Terra, me guies no caminho da Luz e liberes meus karmas. Assim possa eu despertar, abrir minha consciência e elevar toda a minha energia e existência até meu coração Crístico, também com as bênçãos da amada Kuan Yin.

Assim seja (3x), assim será agora (3x), assim é já (3x).

Invocação à Mestra Ascensa Maria Madalena

(Uma das que também trabalha com o karma na Luz do 9º Raio e com Kuan Yin.)

Em nome da Presença Crística que habita em mim e na Presença de Cristo que habita em meu coração, desde o meu ser divino verdadeiro e com profunda humildade, eu, (*fale seu nome de batismo*), apelo à amada Mestra Ascensa Maria Madalena, Mestra da Cura do Karma e da feminilidade mal dirigida na mulher, que, por intermédio do seu divino amor absoluto e eterno e seu fogo feminino divino, acendas a chama de meu coração, podendo assim eliminar todos aqueles bloqueios que vida após vida têm se apresentado em meu ventre e despertas em mim a feminilidade sagrada, dando a mim o devido valor, honrando-me, respeitando-me e amando-me em eterna plenitude. Peço ainda, Divina Mestra, que (*fale seu pedido, com fé e devoção*).

Assim seja (3x), assim será agora (3x) e assim é já (3x).

10º RAIO

Mestre Ascenso: Kenich Ahan

Cor: Dourado

Atributos: Prosperidade infinita, iluminação, conexão com o Eu Superior, paz eterna, prosperidade, abundância e suprimento de todas as coisas boas de Deus.

Dia: Terça-feira

Arcanjo: Tzaphkiel

Elohim: Aralim

Quando damos de nós mesmos, quando nos esvaziamos do excesso que possuímos, Deus nos preenche de novo e de novo. Na medida em que damos, recebemos. Devemos visualizar o aumento e a quantificação como anéis concêntricos que se expandem, assim como a pedra lançada e deslizando pela água. Visualize o aumento como expressão e expansão da consciência Divina, a mente ilimitada que provê.

Decreto para Bendizer o Dinheiro ao Receber e Dar

Bendigo este dinheiro e a todo o bem que este dinheiro me representa e através dele.

Bendigo as pessoas que têm, que tiveram e que terão este dinheiro em suas mãos.

Bendigo suas benditas almas encarnadas, suas missões, seus lugares, seus projetos e suas finanças.

E em nome da força ilimitada da Divina Presença EU SOU e Santo Cristo Pessoal, e de todos os portadores de Luz do mundo, decreto a multiplicação infinita e o adequado uso desta energia sagrada para o melhor bem de todos no planeta Terra, sustentado pela poderosa e divina Lei da Abundância.

Isto está manifestado, desde agora e para sempre e de forma retroativa até o passado, já é. Em nome da Santíssima Quadrinidade do Ser.

Em nome do Pai, em nome da Mãe, em nome do Filho, em nome do Espírito Santo. Amém. Amém. Amém. Amém.

Decreto para a Prosperidade Infinita e Ilimitada

Amada presença de Deus EU SOU em mim, amado Arcanjo Chamuel, ilumine a chama rosa da adoração de Deus por meu intermédio, meu dinheiro, minha provisão, duplique-os, triplique-os, torne-os ilimitados e converta-os em mim na forma de liberdade financeira neste instante, agora e imediatamente.

Obrigado, amado Pai Celestial, pois tudo isto que apelo já está realizado. Amém e amém.

EU SOU livre do medo e da dúvida, rejeitando toda a pobreza e miséria, sabendo agora que toda boa provisão do reino dos céus sempre e constantemente vem, na medida que dela necessito.

EU SOU a mão da fortuna do próprio Senhor Deus, dispensando tesouros de luz.

Agora, à plena e total abundância, recebendo para prover todas as necessidades da vida.

Assim é e sempre será.

Selo nos quatro quadrantes e quatro direções sagradas. Amém. Amém. Amém. Amém.

Decreto para a Abundância

Em nome da amada, poderosa e vitoriosa Presença de DEUS EU SOU em mim, amada Fortuna, Deusa da Provisão e Abundância, em nome de todo o espírito da Grande Fraternidade Branca e da Mãe do Mundo, eu, (*fale seu nome de batismo*), decreto:

1. Fortuna, Deusa da Provisão e Abundância, da riqueza de Deus no céu, libere todos os tesouros do Sol e agora invista, em todos aqueles cujos corações com a Luz Divina batem, o poder de atrair abundância do reino celestial de Deus para expandir o plano que os Mestres têm para cada homem.

2. Harmonize nossa consciência com você aqui, expanda a visão para que possamos ver agora que a opulência é possível para todos aqueles que se voltam para Deus como a Fonte inesgotável e fazem o chamado.

3. Agora ordenamos, agora exigimos, maná abundante das mãos de Deus, de modo que agora, aqui embaixo, bem como acima, a humanidade expresse somente o Amor Divino.

Aceito isto como plenamente realizado aqui e agora e para sempre. Amém. Amém. Amém. Amém.

Decreto de Abundância e Precipitação

EU SOU um ser abundante em meu coração. EU SOU a Luz de Cristo precipitando, na Terra, minha gloriosa automestria de perfeito amor.

EU SOU atraindo e manifestando novas e melhores oportunidades laborais em fiel cumprimento do projeto de minha alma na Terra.

O EU SOU criando e manifestando novas e mais prósperas fontes de ingressos em minha nova vida neste planeta Terra.

O EU SOU livre, financeiramente, elevando, através de mim, toda corrente de vida que se manifesta na Mãe Natureza do plano Terra.

EU SOU a sabedoria do Cristo em contínua e perfeita materialização.

O EU SOU manifestando, criativamente, atividades e tarefas centradas na geração de toda a riqueza que mereço na nova Terra.

EU SOU o fluxo contínuo de prosperidade gerando riqueza material no eterno agora de minha humana divindade.

E está feito para o bem maior e para a glória eterna.

Assim é. Assim foi. Assim sempre será.

Amém. Amém. Amém. Amém.

EU SOU Minha Vitoriosa Abundância Aqui e Agora!

1. EU SOU minha vitoriosa abundância, aqui e agora!
2. EU SOU o meu coração magnânimo de Deus dando e recebendo, abundantemente, da minha fonte eterna de vida.
3. EU SOU a realidade e a materialização de meus dons abundantes e graças do Espírito.
4. EU SOU a autorrealização da minha Divindade, manifestada como vida abundante.

5. EU SOU minha consciência solar, brilhando com beleza, graça e brilho para abençoar minha vida e a vida de todos os meus amigos de coração.

6. EU SOU gratidão em ação, precipitando minha abundância vitoriosa aqui e agora.

7. EU SOU um servo afluente – a alma de Deus e minha abundância fluem como uma fonte eterna.

8. O EU SOU abençoando a todos do meu coração, cheio de amor; minha mente, cheia de sabedoria; e minhas mãos, cheias de obras divinas e sagradas.

9. EU SOU a demonstração de meu completo domínio sobre as leis da alquimia através do amor vitorioso.

10. EU SOU o espírito de dar, assim como recebo o presente perfeito de Deus que me abençoa a todo o momento.

11. EU SOU a Árvore da Vida, segurando os 12 caminhos dos frutos do ser, representados nas Virtudes Sagradas de Deus.

12. O EU SOU integrado na medida em que, diariamente e a cada hora, integro, em meu campo áurico, a abundância e as energias cósmicas da vitória!

13. O EU SOU vivendo, me movendo e SOU dentro do centro harmonizado da Estrela do Amor de seis pontas da abundância da vitória!

14. EU SOU a bênção para toda a vida através do meu coração de ouro e da minha consciência abundante.

15. EU SOU um cristal ajudando a nossa Mãe Terra em seu trabalho perfeito de ser uma Estrela da Liberdade.

16. O EU SOU vivendo em um campo harmonizado de Luz Solar, através do qual a Vitória brilha nas correntes venusianas da abundância divina.

17. O EU SOU respirando a propensão solar dourada de Hélios e Vesta e emanando minha essência.

18. EU SOU dinâmico, carismático e prismático, porque o Espírito abundante da Vitória brilha dentro e através de mim!

19. EU SOU um alquimista do Espírito, um adepto da ternura e um mestre das energias solares fluindo!

20. O EU SOU acelerando meu sentido vitorioso de abundância e manifestando tudo o que necessito para o cumprimento de meu trabalho sagrado.

21. EU SOU uma Estrela de Fogo, emanando ondas de Luz de Abundância cósmica e vitoriosa, amor-sabedoria e engramas de pura beleza.

22. O EU SOU elevando toda a minha vida através do meu sorriso vitorioso, da minha aura vitoriosa e do meu exemplo vitorioso da opulência divina.

23. EU SOU um coautor com a amada Vitória na forma de pensar para o ano de (*falar o ano*), para abençoar a vida continuamente.

24. O EU SOU aperfeiçoando a ciência do fluxo cósmico, dando e recebendo luz solar através do meu coração vitorioso.

25. EU SOU um cientista do sol seguindo o fluxo da criação do OM vivendo na presença da Luz Divina, Amor e Alegria!

26. EU SOU meu novo paradigma de estar na Luz, Amor e Alegria Solar. Eu sou grato por ser meu novo EU!

27. EU SOU, EU SOU a Luz da Vitória como minha própria luz refulgente manifestada através da abundância de Deus!

28. EU SOU as Graças de Deus do Espírito, do Eterno!

29. EU SOU um templo vivo da Vitória em torno dos 360 graus da minha consciência solar.

30. O EU SOU distribuindo a Luz de Deus, da mesma maneira para toda a vida, através da impessoalidade do Espírito e através da personalidade pessoal da Luz da Mãe onde EU SOU.

31. EU SOU a refulgência do Um porque conheço a minha Fonte. EU SOU minha Abundância Vitoriosa...

32. EU SOU, através da minha inventividade cósmica, a distribuição amorosa das graças do Espírito em mim, a todos os domínios através dos fogos do meu coração, oferecidos no altar da humanidade.

33. EU SOU a minha vida resplandecente, desenvolvida dentro de cada obra sagrada que ofereço à humanidade, através da minha vida consagrada.

34. Eu sou abençoado pelo Todo-Poderoso através do Poder de Deus, da Sabedoria de Deus e do Amor de Deus.

35. EU SOU Deus, o fogo de três em um queimando em meu coração em perfeito equilíbrio, como um trabalhador indomável.

36. Eu sou o Amor, a Sabedoria e o Poder de Deus restaurado para o meu domínio, como Deus me vê completamente desenvolvido dentro de cada coração, dentro de cada alma e do espírito dentro de cada um, com uma atitude infantil da divina gratidão, graça e ser.

37. O EU SOU me oferecendo em um fluxo contínuo de fogo Amor-Sabedoria-Poder.

38. EU SOU as qualidades venusianas da santidade e da presença cósmica ancoradas na Terra, à medida que ela ressoa com uma nova frequência de santa comunhão, através dos ciclos cósmicos.

39. O EU SOU manifestando a consciência de uma nova era de cristal dourado, dia após dia, que desenvolvi dentro de mim como um ponto de ancorar a luz para o Senhor, enquanto eu vivo e me movo, tenho meu ser em um líquido de cristal de luz de diamante.

40. O EU SOU exalando as frequências cósmicas de Abundância e Opulência e sentindo este fluxo de luz.

41. EU SOU o fogo do Antahkarana, a grande rede de Luz através do mundo e do Universo, que é mantida, momento a momento, através da minha própria e abundante consciência vitoriosa.

42. O EU SOU implementando na mesa do Senhor meus maiores dons e obras, que Deus tem me oferecido como meus talentos, e eu os multiplico, multiplico, multiplico um milhão de vezes, através da minha experiência em todas as minhas encarnações.

43. O EU SOU agora manifestando através desses dons e trabalho meu maior potencial para o meu Senhor.

44. O EU SOU manifestando e desenvolvendo meu Eu Superior como um Ser Solar, dando ao Universo uma grande alegria em Deus!

45. EU SOU meu completo domínio solar aqui e agora.

46. O EU SOU doando de novo e de novo, quando me entrego, completamente, ao meu Senhor.

47. Eu vejo Deus vendo claramente que EU SOU.

48. O EU SOU sustentando toda a vida, perfeitamente, com alegria e delicadeza.

49. O EU SOU manifestando minha luz de perfeição através de todos os meus sentidos espirituais.

50. EU SOU quem EU SOU. EU SOU o que EU SOU.

AUM. AUM. AUM.

Ritual para Abundância e Prosperidade

Quando necessitar de bênção financeira ou abertura de caminhos financeiros em sua vida, poderá realizar este ritual, utilizando alguns elementos para fortalecer a atuação das energias do decreto. Precisará de um castiçal dourado, vela dourada de mel, flor tipo girassol ou calêndula, incenso de canela ou sândalo, uma foto do Sol ou do Mestre Kenich Ahan.

Coloque sobre um altar, acendendo a vela antes de iniciar.

Oração: Decreto da Bênção Financeira

Deus, Pai Celestial, Infinito Senhor da Luz Eterna, o mais cortês e amoroso, eu, *(fale seu nome de batismo)*, aqui e agora, te invoco, tu que bendizes minha família abundantemente.

Sei que tu reconheces que uma verdadeira família é mais que só um pai, uma mãe, irmão e irmã, marido e esposa, senão é constituída por todos que, em grupo, creem e confiam em ti, ó Senhor!

Deus, meu Deus, faço elevar a ti esta oração por minhas palavras e pensamentos, para que faça verter, sobre mim, tua Sagrada Bênção Financeira.

Sei, plenamente, do poder que esta oração possui quando elevada a ti pelas pessoas unidas em um só propósito, te honrando, crendo e confiando em teu Amor Infinito e Eterno.

Pai amado, sois o único Senhor a quem me curvo, o mais poderoso que é, foi e haverá de existir.

Desde agora, neste exato momento, ergo meus olhos para os céus e te vejo em meu coração e desde já minha gratidão.

Eterno Criador, verta agora a abundância e misericórdia sobre mim e sobre todas as pessoas que, como eu, te reconhecem e cumprem teus mandamentos sagrados, para cancelar todas as dívidas e cargas econômicas. Fazei florescer e frutificar nossos bens, de acordo com sua santa e divina vontade e com a mais perfeita harmonia e paz sob o manto de sua graça divina. Derrame, verta tua piedosa sabedoria, para que possamos compreender como trabalhar a teu serviço e, com perfeição, administrar todas estas bênçãos financeiras que agora chegam até nós.

Maravilhoso sois, Senhor de todas as Grandezas, Pai das Luzes Divinas, e infinito é teu poder. Temos consciência de que, se caminharmos em tua Santa Palavra,[38] respeitarmos e obedecermos, então, ainda que nossa fé seja do tamanho de uma semente de mostarda, tuas bênçãos virão até nós.

Agradecemos-te neste momento, Pai e Nosso Senhor, por todas essas maravilhosas dádivas e bênçãos que, sabemos, nos concedestes já manifestadas aqui e agora.

E com toda a fé aceitamos isto como plenamente realizado.

Em nome de nossa Divina Presença EU SOU, Santo Cristo interior, de nossa Chama Trina eterna, de Todo Espírito da Grande Fraternidade Branca, da vida elemental do Fogo, do Ar, da Água e da Terra, selamos. Amém. Amém. Amém. Amém.

Decreto para a Prosperidade Infinita e Ilimitada

Amada presença do Deus EU SOU em mim, amado Arcanjo Chamuel, ilumine a Chama Rosa da adoração de Deus por meu intermédio, meu dinheiro, minha provisão, duplique-os, triplique-os, torne-os ilimitados e converta-os em mim na forma de liberdade financeira neste instante, agora e imediatamente.

Obrigado, amado Pai Celestial, por tudo isto que já está realizado. Amém e amém.

EU SOU livre do medo e da dúvida, rejeitando toda a pobreza e miséria, sabendo agora que toda boa provisão do reino dos céus sempre e constantemente vem, na medida em que dela necessito.

EU SOU a mão da fortuna do próprio Senhor Deus, dispensando tesouros de luz.

---

38. 1 Reis (8:23): "E disse: Ó Senhor Deus de Israel, não há Deus como tu, em cima nos céus nem embaixo na terra; que guardas a aliança e a beneficência a teus servos que andam com todo o seu coração diante de ti".

Agora, em plena e total abundância recebo para prover todas as necessidades da vida.

Assim é e sempre será.

Selo nos quatro quadrantes e quatro direções sagradas: Amém. Amém. Amém. Amém.

Decreto para Materializar e Precipitar a Abundância

EU SOU um ser abundante em meu coração. Eu Sou a Luz de Cristo precipitando, na Terra, minha gloriosa automestria de perfeito amor.

O EU SOU atraindo e manifestando novas e melhores oportunidades laborais, em fiel cumprimento do projeto de minha alma na Terra.

EU SOU criando e manifestando novas e mais prósperas fontes de ingressos em minha nova vida neste planeta Terra.

EU SOU livre financeiramente, elevando, através de mim, toda a corrente de vida que se manifesta na Mãe Natureza do plano Terra.

EU SOU a sabedoria do Cristo em contínua e perfeita materialização.

O EU SOU manifestando, criativamente, atividades e tarefas centradas na geração de toda a riqueza que mereço na nova Terra.

EU SOU o fluxo contínuo de prosperidade, gerando riqueza material no eterno agora de minha humana divindade.

E está feito para o bem maior e para a glória eterna.

Assim é. Assim foi. Assim sempre será.

Amém. Amém. Amém. Amém.

Decreto para a Prosperidade e Abundância

Dentro de mim habita um depósito infinito de abundância e prosperidade, que sempre vive e flui em todo o meu corpo, e é por isso que EU SOU prosperidade, EU SOU riqueza, EU SOU abundância e EU SOU a presença de Deus em todo o meu ser.

Os anjos da abundância e da prosperidade são aqueles que me guiam, de modo a dirigir e governar minha vida de maneira próspera, cheia de muitas riquezas e abundância infinita.

Assim seja. Assim é. Assim sempre será. Amém.

Decreto da Libertação e do Poder Pessoal

Em nome da minha amada Presença EU SOU, do meu Santo Cristo Interno, da Chama Trina que arde em meu coração, em nome da unidade da minha mente com a Mente Divina, do meu coração sagrado com o Sagrado Coração de Deus, e pela assistência de todos os meus guias espirituais, Mestres, Anjos e Seres da Hierarquia de Luz Superior, que me acompanham nesta jornada terrestre; eu, (*falar seu nome de batismo*), peço e agradeço pela revelação e atração para a minha vida aqui e agora de tudo que necessito.

Peço para que seja recuperado todo o meu poder pessoal: o poder de atrair, consciente ou inconscientemente, tudo em todas as minhas vidas passadas, tudo o que é meu por direito de acordo com a Justiça Divina.

Peço para que sejam ativados, completamente, meus dons e competências adquiridos em todas as minhas vidas passadas, assim como os planos estabelecidos pela Lei Divina em todas as dimensões do meu ser, trazendo o trabalho perfeito e o melhor para mim e minha missão de vida.

Oro ainda para que a minha abundância seja suficiente a fim de que eu garanta a minha missão neste planeta, o bastante que seja de acordo com a Lei e Justiça Divinas, pois eu sei que Deus proverá tudo o que necessito.

Peço também que toda memória da doença em meu corpo seja apagada definitivamente e que se estabeleça a beleza e eterna juventude, com saúde e perfeição em todo o meu ser.

Aceito livre e conscientemente, pelo poder do livre-arbítrio divino que foi concedido, que todos os obstáculos e limitações ou interferências impostos, que impediram a conclusão de meu plano divino na Terra, cessem agora e imediatamente para sempre.

EU ESTOU LIVRE. EU ESTOU LIVRE. EU ESTOU LIVRE.

E, pela câmara secreta do meu Sagrado Coração, eu agradeço, porque tudo isso que pedi já foi realizado pela Ordem Divina.

Assim é. Assim está feito. Assim será para todo o sempre.

EU SOU O QUE EU SOU. EU SOU O QUE EU SOU. EU SOU O QUE EU SOU. AUM. AUM. AUM. AUM. AUM. AUM. AUM.

Anjos da Iluminação

Em nome de nossa amada e Poderosa Presença EU SOU, pedimos a vós, Grandes Seres e Anjos da Chama da Iluminação.

Envolvei todas as pessoas que causam dor e maus tratos aos seres humanos, na Poderosa Chama da Iluminação.

Que assim possam compreender que todos somos irmãos na mesma caminhada aqui na Terra, precisando uns dos outros e o apoio mútuo, amor e carinho.

Faça resplandecer, em todos os corações, a Luz Dourada da Iluminação, expandindo e envolvendo todo ser, todos os países e todo o planeta numa maravilhosa aura luminosa como um Sol.

Assim seja. Assim é. Assim sempre será. Aqui e agora.

Apelo ao Mestre Kenich Ahan

Em nome de nosso Divino EU SOU, da nossa Chama Trina imorredoura, do nosso Santo Cristo interior e dos grandes Seres Solares Hélios e Vesta, apelamos a vós, amados Kenich Ahan e Mestres do Manto Dourado, pedindo humildemente:

Irradiai a Chama da Iluminação Divina e das Divinas Forças Solares ao mundo do sentimento e pensamento da Terra e de todos os seres humanos viventes.

Conservai-nos ligados a esta poderosa corrente de força, reforçai-a e selai toda a Terra na Chama Dourada da Luz eterna. Aqui e agora e para todo o sempre.

Nós vos agradecemos!

Decreto para o Perfeito Equilíbrio

Em nome e com a autoridade da Presença Divina EU SOU em nós, apelamos por vós, Grande Senhor Kenich Ahan.

Carregai o nosso mundo com perfeito equilíbrio e ajudai-nos a seguir sempre o caminho da Iluminação. Preenchei nosso mundo com paz, sabedoria e alegria no servir, para que possamos manter um controle consciente sobre nossas energias. Ajudai-nos a manter sempre dignidade, equilíbrio e sabedoria.

O que pedimos para nós estendei a todos os seres da Era da Liberdade! Aqui e agora.

Decreto do Sol Radiante

Em nome da Presença Divina EU SOU em nós, de nosso Santo Cristo interior, da Chama Trina imorredoura pulsante, apelamos a vós, amado Mestre Kenich Ahan:

Permita agora, nesta era, que todas as pessoas possam ser um pulsante Sol de alegria e bem-aventurança, até que estejam, para sempre, libertas das sombras e correntes malfazejas. Deixai este irradiante Sol dourado da bem-aventurança manifestar-se, principalmente, na consciência dos governantes e políticos, para que eles possam ser embaixadores do amor, da gratidão e da bem-aventurança nos países em que têm sua atuação.

Nós vos agradecemos!

11º RAIO[39]

MESTRES Ascensos: Fun Wei e M Jverox

Cor: Pêssego alaranjado

Atributos: Ancorar a luz divina nos campos de força do corpo humano, propósito divino, entusiasmo e alegria.

Dia: Quarta-feira

Arcanjo: Perpetiel e Alegria

Elohim: Hashmalim ou Chasmalim

Cada mônada fiel ao seu propósito pode, por fim, conhecer a maravilha do seu amor, na intensificação do alcance cósmico interno e externo. Quão belo são os pés da onipresença do Espírito sobre a montanha do ser do homem,[40] pois este, na realidade, aspira ser uma montanha.

Decreto para Conexão com o Eu Superior

Em nome de minha essência divina sagrada e infinita, em nome do meu Santo Cristo Interno, em nome dos Senhores Mestres das câmaras superiores de ascensão e de todos os Mestres Ascensos do Ashram da Grande Loja Branca, eu, (*fale seu nome de batismo*), neste momento, nesta hora, neste dia, peço que me seja concedida a Luz Maior e que desça pelo meu Antakarana até o meu campo de força físico, ilumine todos os meus centros energéticos, a fim de que possa ampliar minha consciência, rompendo as limitações desta dimensão, e preparar-se para cumprir e concluir minha missão, pelo que afirmo e decreto:

EU SOU a Alma Divina. (3x)

EU SOU a Luz Divina. (3x)

EU SOU o Amor Divino. (3x)

EU SOU a Vontade Divina. (3x)

---

39. Ibidem.
40. Isaías (5:7).

EU SOU o Desígnio Divino. (3x)

Tudo isto EU SOU. (3x)

E com toda a fé, aceito como realizado aqui e agora e para todo o sempre. Selah.

Decreto para Maximizar a Luz da Mãe Divina Dentro de Nós

Em nome da Poderosa Presença EU SOU O EU SOU em mim, do meu Santo Cristo Interior, pela força do pulsar da Chama Trina na câmara secreta do meu coração, da incandescência da flor que sustenta a força, a sabedoria e o amor divinos em mim, em nome do Bem-amado Yeshua Ben David, Mestre dos Mestres, eu, (*fale seu nome de batismo*), pela força dos cinco elementos, Fogo, Ar, Terra, Água e Éter, invoco a presença do Grande Maximus, para que, pela manifestação da fórmula matemática da Grande Pirâmide, maximize dentro de mim a luz da Mãe Divina, fazendo com que se acenda a chama universal da perfeição, a verdadeira ilíada da perfeição, a verdadeira chama da iluminação, ancorando toda essa Luz Divina em meu ser. E que todos os desígnios humanos se desvaneçam como névoa, desaparecendo deste plano, permitindo a florescência da vestimenta dos santos, as vestes do Senhor.

Assim, decreto:

Maximus! Maximus! Maximus!
Maximus! Maximus! Maximus!
Maximus! Maximus! Maximus!
Vinde, vinde, vinde!

Que teu Poder de Luz banhe meu ser.
Que teu Poder de Luz esteja sobre mim.
Que teu Poder de Luz banhe esta Terra.
Que teu Poder de Luz banhe o coração de todos os homens.
E preencha este plano agora e para sempre.

Aceito que tudo isto se realize pelo poder do 3x3, aqui neste momento, nesta hora, de acordo com a vontade de Deus.

Amém. Amém. Amém. Amém.

Afirmações para a Fraternidade[41]

Eu caminho nas pegadas da Irmandade Santa.
EU SOU o irmão e a irmã de toda a humanidade.
Eu dou conforto e dou conforto.
EU SOU a Verdade em ação para comigo mesmo e para com meu Deus.
Eu trago, nesta hora, a honra de Deus no meu coração.
Eu entro agora na união mística com o Divino Espírito Santo.
EU SOU um com o Senhor Jesus Cristo, Príncipe da Paz.
Deste dia em diante caminharei com o Divino Espírito Santo.
Porque este é o dia da minha vitória.
Esta é a minha hora e o poder da Luz.
Eu conduzirei o meu povo até o trono da glória.
Recebe-me agora, ó Deus.

Oração da Renúncia[42]

Tudo o que eu pensava meu,
Laços, meu nome e fama,
Culpas e dor.
Tudo isso lanço em Teu ardor.
Tudo isso lanço em Teu fulgor.
Meu resplendor eu vejo então,
Vindo do coração de Deus,
Do teu amor, precioso dom.
Descendo agora à Tua Presença
E em resposta à oração,
Revela a Tua paz em mim
Eternamente em ação.

Consente em Te honrar agora
E retornar ao que é Teu.
Meus olhos, sim, não veem a hora

---

41. Trechos de *Afra – Irmão da Luz* (Summit Lighthouse, 2005).
42. Ver Jó (14:15) e *A Senda do Crescimento Pessoal* (Summit Lighthouse, 2005).

De encontrar-Te, enfim, Ó Deus.
De encontrar a Luz que deste
Ao brilho da manhã celeste,
Onde a renúncia faz nascer
Consagração que venho a ser

EU SOU aquilo que Tu és,
A tua graça surge em mim!
Venha o Teu reino em meu ser
E sobre o tempo vencerei.

O Grande Silêncio, por Chanera

Eu permaneço no Grande Silêncio.
O coração do Grande Sol Central
Absorvido na Luz da Minha Presença Divina
Com todo seu Amor Unificado.

Eu sinto um grande poder da calma,
Uma quietude que nenhuma palavra pode dizer,
Uma paz do coração da Criação
E eu sei que está tudo bem.

Eu oro pelos filhos abençoados da Terra
E liberdade eu peço por todos.
Eu derramo o amor da minha Presença Divina
Para atender todos os seus chamados.

Eu descanso neste Grande Templo de Luz,
No verdadeiro silêncio da Suprema Vida.
Eu Sou o seu esplendor todo poderoso,
A plenitude do próprio fluxo do Amor.

A presença da luz é tão onipresente,
Preenche-me com a alegria do amor,
O poder e a paz de Seu Ser
São meus nesta altura, muito longe.

Invocação para a Iluminação[43]

Em nome da amada, poderosa e vitoriosa Presença de Deus Todo Poderoso EU SOU em mim, do meu amado Santo Cristo Pessoal e do Santo Cristo Pessoal de toda a humanidade, pelo poder magnético da imortal e vitoriosa Chama Trina do amor, sabedoria e poder ancorada no meu coração: invoco a Chama Dourada da Iluminação do coração de Deus no Grande Sol Central e dos Sete Logos Solares, dos amados Alfa e Ômega e de Hélios e Vesta, dos amados Lanto e Confúcio e da Fraternidade do Royal Teton, dos amados Sanat Kumara, Gautama Buda, Senhor Maitreya, Jesus e Kuthumi e dos Irmãos dos Mantos Dourados de Caxemira, dos amados Vaivasvata, Grande Diretor Divino, Himalaya e de todos os que servem no Retiro do Lótus Azul, dos amados Deus e Deusa Meru, Casimir Poseidon e de todos os que servem no Templo da Iluminação, do amado e Poderoso Cosmos, os amados e Poderosos Elohim Apolo e Lumina, dos amados Jofiel e Cristina, do amado Lanello, de todo Espírito da Grande Fraternidade Branca e da Mãe do Mundo, da vida elemental, dos reinos do Fogo, do Ar, da Água e da Terra!

Fazei brilhar a Luz da iluminação do Cristo Cósmico através dos meus quatro corpos inferiores da Terra, dos elementais e de todos os portadores de Luz do mundo; rasgai o véu da ignorância e estabelecei a Lei da Vida do EU SOU através da mente mercurial de brilho diamantino de Deus, agora expandida, conscientemente, e com pleno poder pelo meu decreto:

> Cristo, que vives em mim, envolve-me com
> A chama da iluminação, irradiando
> Sábia abundância. Rodeia-me agora
> Domínio Divino sempre reinando.
>
> Coroa-me com o fulgor dourado
> Da Sabedoria da tua Luz tão mística,
> Que nos meus atos possa ser provado
> Todo o Poder da Iluminação Crística.

---

43. Decreto tirado de *Orações, Meditações e Decretos Dinâmicos* (Summit Publications, 2009).

EU SOU, EU SOU a Chama Dourada
Da Iluminação resplandecente,
Do Coração abençoado de Lanto
No Royal Teton aqui presente.

Faze brilhar radiação tremenda
Dentro do meu ser neste dia.
Projeta Luz sobre a minha senda
Por um raio da mente de Sabedoria.

A Luz se expande para rodear
Esta Terra por todo o Lado.
A cada homem a bênção vem dar,
Os Irmãos do Manto Dourado.

Cristo, em mim, com Tua Vida,
Faz brilhar Sabedoria agora.
Com Tua verdade, ninguém duvida,
Expande em mim a cada hora.

Coroa meu coração e mente com o fogo
Que, aceso nos teus altares, reluz.
Que um halo de Tua Sabedoria
Cubra todas as crianças da Luz.

Salve, Royal Teton sagrado,
Irmãos do Raio da Sabedoria,
Itensificai vosso brilho dourado,
O sol de Luz que nos governa e guia.

Vinde, Apolo e vinde, Lumina,
Com Sabedoria, dai a perceber
O padrão perfeito para cada vida,
E o seu caminho ajudai a tecer.

Jofiel querido, Arcanjo abençoado,
Registra, no Livro da Sabedoria,
O édito que haverá começado,
A Era de Ouro que virá um dia.

E com toda a fé aceito conscientemente, conscientemente, conscientemente, que isto se manifeste! (3x) Aqui e agora, com pleno poder, eternamente mantido, onipotentemente ativo, em contínua expansão e abrangendo o mundo inteiro até que todos tenham ascendido na Luz e sejam livres!

AMADO EU SOU! AMADO EU SOU! AMADO EU SOU!

Deus é Minha Vitória

1. Deus é minha Vitória, Vitória, Vitória,
   Isso não pode ser negado.
   Deus é minha Vitória, Vitória, Vitória,
   Sei que Ele está ao meu lado.
   Deus é minha Vitória, Vitória, Vitória,
   A Sua mão ninguém detém.
   Deus é minha Vitória, Vitória, Vitória,
   Sua Presença o comando mantém.

2. Deus é minha Vitória, Vitória, Vitória,
   Não sei o que é derrota.
   Deus é minha Vitória, Vitória, Vitória,
   O Seu amor me completa.
   Deus é minha Vitória , Vitória, Vitória,
   Sua Mente é minha também.
   Deus é minha Vitória, Vitória, Vitória,
   Sua Sabedoria redenção mantém.

3. Deus é minha Vitória, Vitória, Vitória,
   Recebo todo poder.
   Deus é minha Vitória, Vitória, Vitória,
   Pra sempre livre vou ser.
   Deus é minha Vitória, Vitória, Vitória,
   Em que estou confiando.
   Deus é minha Vitória, Vitória, Vitória,
   Venço estou triunfando.

4. Deus é minha Vitória, Vitória, Vitória,
Sua mão a graça alcança.
Deus é minha Vitória, Vitória, Vitória,
Conhecerei Sua Presença.
Deus é minha Vitória, Vitória, Vitória,
Guardarei a Sua Chama.
Deus é minha Vitória, Vitória, Vitória,
Sei que Ele está perto e me ama.

5. Deus é minha Vitória, Vitória, Vitória,
O melhor que a Vida oferece.
Deus é minha Vitória, Vitória, Vitória,
A alegria me enriquece.
Deus é minha Vitória, Vitória, Vitória,
A Luz que nunca falha.
Deus é minha Vitória, Vitória, Vitória,
Poder e Amor vencerão a batalha.

6. Deus é minha Vitória, Vitória, Vitória,
E ensina-me a conhecer.
Deus é minha Vitória, Vitória, Vitória,
Seu grande Amor e Poder.
Deus é minha Vitória, Vitória, Vitória,
A cura de todo erro.
Deus é minha Vitória, Vitória, Vitória,
Em asas de canção me elevo.

Fazei Resplandecer a Chama da Iluminação em Nós[44]

Em nome da amada, poderosa e vitoriosa Presença de Deus EU SOU em mim e do meu amado Santo Cristo Pessoal, do amado Mestre Ascenso Jesus, o Cristo, do amado Kuthumi, da amada Mãe Maria, do Grande Diretor Divino, dos anjos e legiões de Jofiel, do amado Lanello, de todo Espírito da Grande Fraternidade Branca e da Mãe do Mundo, da

---

44. *Orações, Meditações e Decretos Dinâmicos* (Summit Publications, 2009).

vida elemental – do Fogo, do Ar, da Água e da Terra! Eu, (*fale seu nome de batismo*), decreto:

> Resplandece a Chama da Iluminação em nós. (3x)
> AMADO EU SOU!
>
> Resplandece a Chama da Iluminação em nós. (3x)
> Exerce o Teu Domínio!
>
> Resplandece a Chama da Iluminação em nós. (3x)
> Que aumente a toda a hora!
>
> Resplandece a Chama da Iluminação em nós. (3x)
> Amor, Sabedoria e Poder!

E com toda a fé aceito, conscientemente, conscientemente, conscientemente, que isto se manifeste! (3x) Aqui e agora com pleno poder, eternamente mantido, onipotentemente ativo, em contínua expansão e abrangendo o mundo inteiro até que todos tenham ascendido na Luz e sejam livres!
AMADO EU SOU! (3x)

Chamado para a Iluminação[45]

Em nome da amada, poderosa e vitoriosa Presença de Deus EU SOU em mim e do meu amado Santo Cristo Pessoal e do Santo Cristo Pessoal de todas as evoluções da Terra, do amado Sanat Kumara, do Senhor Gautama, Senhor Maitreya, do Mestre Ascenso Jesus, o Cristo, do amado Kuthumi, Senhor Lanto e de Confúcio, da amada Mãe Maria, dos sete grandes arcanjos do Grande Diretor Divino, dos anjos e legiões de Jofiel, do amado Lanello, de todo Espírito da Grande Fraternidade Branca e da Mãe do Mundo, da vida elemental – do Fogo, do Ar, da Água e da Terra! Eu, (*fale seu nome de batismo*), decreto:

1. Chama da Iluminação, desce agora,
   Guia a tua juventude na senda de Deus,
   Com Tua mão de amor, vem nesta hora
   Direcioná-la pelos impulsos seus.

---

45. Idem.

Refrão:
Ó, Mestres que amais a Verdade Divina,
Mantende a juventude, que é tão preciosa,
Alva pomba de perfeição cristalina,
Guiada por vossa estrela amorosa.

2. Peço para virdes a este nosso mundo,
Pelo raio do Amor, iluminar,
Ensinar a todos que é preciso ação,
Derrubar facções e tudo unificar.

Refrão:
Ó, Mestres que amais a Verdade Divina,
Mantende a juventude, que é tão preciosa,
Alva pomba de perfeição cristalina,
Guiada por vossa estrela amorosa.

3. Chama da Sabedoria que muito queremos,
Por tua fé e inteligência nos mantemos,
Flui em nós força de Deus tão pura
Protegidos somos por tua armadura.

Refrão:
Ó, Mestres que amais a Verdade Divina,
Mantende a juventude, que é tão preciosa,
Alva pomba de perfeição cristalina,
Guiada por vossa estrela amorosa.

4. Ó, eleva-te em nosso puro altar,
Linda Chama Dourada tão amada,
Percebemos a tua chama atravessar
A Sabedoria Divina derramada.

Refrão:
Ó, Mestres que amais a Verdade Divina,
Mantende a juventude, que é tão preciosa,
Alva pomba de perfeição cristalina,
Guiada por vossa estrela amorosa.

Amada Chama da Ressurreição[46]

Em nome da amada, poderosa e vitoriosa Presença de Deus EU SOU em mim e do meu amado Santo Cristo Pessoal, do Santo Cristo Pessoal de todos os homens, através do poder magnético da imortal e vitoriosa Chama Trina do amor, da sabedoria e do poder ancorado no meu coração, invoco a Chama da Ressurreição do coração de Deus, no Grande Sol Central, dos amados Alfa e Ômega, do amado Jesus, o Cristo, da amada Mãe Maria, dos amados arcanjos Gabriel e Uriel, dos anjos do Templo da Ressurreição, do amado Lanello e de todo o Espírito da Grande Fraternidade Branca, da Mãe do mundo e da vida elemental – do Fogo, do Ar, da Água e da Terra –, eu, (*fale seu nome de batismo*), decreto:

Ó, Ressurreição, querida chama,
Vem banhar-me sempre em teu alvor,
Ressuscitação, querida chama,
Meu coração canta em teu louvor.

Ó, alvo fulgor de Cristo,
Do fogo de Deus, EU SOU
Tua santa pureza, vem expandir,
Todo o mau desejo acabou.

Ó, Ressurreição, querida chama,
Eleva-te aos cimos do amor,
Regeneração, amada chama,
Todo homem guia com teu fulgor.

EU SOU, EU SOU, EU SOU teu cálice livre
Cristalino a resplandecer.
Vemos o fogo do lírio crístico
Da Eternidade aparecer.

Radiante, Radiante, Radiante! (3x)

---

46. Idem.

E com toda a fé, aceito conscientemente, conscientemente, conscientemente, que isto se manifeste! (3x) Aqui e agora, com pleno poder, eternamente mantido, onipotentemente ativo, em contínua expansão e abrangendo o mundo inteiro até que todos tenham ascendido na Luz e sejam livres!

AMADO EU SOU!
AMADO EU SOU!
AMADO EU SOU!

12º RAIO

Mestre Ascenso: Princípio

Cor: Opalino (azul com raios branco-cristal)

Atributos: Energia, coragem, Fogo Sagrado do coração de Deus, visão do poder da mão divina, beleza diáfana e cósmica da vida. Busca a compreensão dos mundos, o alinhamento e o equilíbrio no caminho da evolução consciencial, a transformação e a transfiguração.

Dia: Quinta-feira

Arcanjo: Khamael

Elohim: Gibor Serafim

À medida que o ser se torna etéreo, vivendo mais na consciência divina, alcança aquele estágio de desenvolvimento interior, em que a alma e a luz solar do propósito cósmico o levará a um reino cristalino, de tal beleza e perfeição, que merece a imortalidade. Então, ficará de pé junto aos seus companheiros sobre o mar de vidro, o mar da perfeição cristalina. Pois somente a perfeição pode e deve ser cristalizada.

Decreto Cristalino da Imortalidade

Amada e poderosa presença de Deus EU SOU em mim e em todos os guardiões da Chama Sagrada neste planeta, em nome das 70 Irmandades de Luz da Grande Fraternidade Branca e pela força dos cinco elementos, Fogo, Água, Terra, Ar e Éter, pelo Pentagrama Divino, eu, (*fale seu nome de batismo*), decreto:

Ó, unidade, Doce Unidade Sagrada da Visão Absoluta,
Que toda a humanidade possa ver, em Teu Divino Olho,
Toda a intenção da Perfeição, Propósito e Plano de Luz
Para compreender que há o caminho do reino cristalino.

Que a perfeição da era da Imortalidade,
Nascida da eternidade da Consciência Divina,
Manifeste-se finalmente como o Reino dos céus
Que habita entre o reino dos homens.

Como no olho do homem existe o Foco Divino Interior,
Com singularidade de visão e unidade de propósito,
Jamais poderá existir alguma insensata discórdia
Para que a realidade surja como a vela da iluminação cósmica.

Que ninguém fique sem esta visão,
Que ninguém busque eclipsar os atos de outrem.
Neste propósito Divino, realidade entre os homens,
Através dos véus dos tempos e no espaço.

Decretado o fim das ilusões humanas,
Determinando o fim das disputas, da guerra, luta e violência,
Substituindo tudo no mundo da forma
Pelo verdadeiro desejo do valor no coração humano.

Surgindo cada pedra da imaculada perfeição
Do templo de Deus, até que esteja de pé
Olhando para os Filhos de Adão
Como uma réplica das pedras cinzeladas em suas mãos.
Amém.

Invocação para Alinhamento e Equilíbrio

Amada e poderosa presença de Deus EU SOU em mim, em todos os irmãos trabalhadores e operadores da Luz de Deus que nunca falha, ainda não ascensos, em nome da divina e resplandecente centelha de luz eterna em nossos corações, pela força dos cinco elementos sagrados, Fogo, Terra, Água, Ar e Éter, e de seus divinos regentes neste plano, pela quadrinidade divina, do Pai, da Mãe divina, do Filho e do Espírito Santo, pelas forças do poder, da luz cristalina, da sabedoria e do amor divinos, no plano infinito da criação, eu, (*fale seu nome de batismo*), neste momento em que me encontro neste orbe planetário em evolução, invoco:

O estabelecimento imediato e a ativação, aqui, neste lugar, de um magnífico Pilar de Luz Superior e uma coluna ascensional. Peço que esta energia divina de ascensão azul com branco cristal, por meio de nossa consciência divina, seja enviada para o corpo, mente, coração e espírito, e sintamos sua energia.

Invoco aqui e agora, para que tudo se produza na mais divina proteção, as mãos douradas e o domo dourado do Bem-amado Arcanjo Michael, divino Senhor das hostes celestiais.

Invoco que os divinos mestres que compõem a hierarquia dos 12 Raios Cósmicos, neste momento, expandam a estrela de 12 pontas, fazendo-a girar com sua geometria sagrada expandindo em todas as direções, espargindo sua Luz para todas as almas que compõem o nosso grupo de almas irmãs.

Invoco mais: que possa e seja realizado o perfeito alinhamento de nossos 12 meridianos de acupuntura, elevando-os até os 12 meridianos superiores, interligando-os na rede planetária e em perfeito alinhamento axiatonal terrestre-cósmico, permitindo a abertura de nossos chacras superiores e o ascensional.

Amado e Divino Mestre Princípio, permita que agora se inicie o pleno estabelecimento de nosso antahkarana humano em nossa alma e mônada divina, para que, assim, possa ocorrer e ocorra o caminho de retorno à Fonte Eterna, desabrochando nosso antahkarana cósmico e universal.

Pedimos ainda, por esta invocação, que nosso coração cósmico seja efetivamente ancorado e possamos realizar a ancoragem e perfeita ativação das 12 fitas do DNA, e que possamos ser auxiliados pelos Irmãos de Sirius.

Invocamos, aqui e agora, a presença dos 12 Arcanjos sagrados, para que, com sua Força e Poder, manifestados neste reino humano, façam a divina ligação com as 12 constelações superiores, estabelecendo-se os 144 mil escolhidos que ascensionarão à Luz.

Invocamos ainda e, por fim, que todos os Mestres Ascensionados que compõem a Grande Irmandade Branca e, mais proximamente, os 12 Mestres regentes dos 12 Raios Cósmicos e seus auxiliares, pela energia de Luz de suas mãos, mente e coração e palavras, nos abençoem em tudo o que pedimos, e possam, de acordo com a vontade suprema do Eterno Criador, YHWH, estarmos ligados a toda Hierarquia Santa e aos nossos mentores, guias e professores espirituais.

Desçam agora, ó Eternos Vigilantes da Luz, duchas e cascatas de luz combinadas em suas 12 cores espectrais. Deixem que esta chuva caia sutilmente sobre nós, banhando-nos... Assim seja. Assim é. Assim sempre será.

OM... OM... OM... OM... OM... OM.... OM... (sutilmente).

Invocação dos 12 Raios Cósmicos

Em nome e com a autoridade da Divina Presença EU SOU em mim, meu Divino Cristo interior, em nome de toda a Hierarquia da Grande Irmandade Branca, eu, (*fale seu nome de batismo*), invoco a suprema radiância de todos os 12 Raios Cósmicos e o pleno e total poder combinado de todos os seus Mestres Divinos Ascensos, que eles brilhem e fulgurem através do centro da minha terceira visão, e estabeleçam a ligação do poder da ponte deste arco-íris à Luz da coluna, permeando todos os meus chacras e alcançando a minha mônada sagrada. Também apelo agora que, neste momento, haja a perfeita abertura e o perfeito equilíbrio de meus chacras, a fim de que expandam a Luz, expandam a Luz, expandam a Luz. Assim seja.

Oração da Intervenção Divina

Amada Presença de Deus EU SOU em mim e em todos os guardiões da Chama Sagrada da Vida e de seus Irmãos, de todo meu coração, de toda a minha alma, de todo o meu entendimento e de toda a minha força, peço a intervenção divina para que possa agora desenvolver as minhas plenas capacidades consciencias e, dessa forma, possa falar com os Mestres de Luz. Que sendo iniciado no caminho pela Hierarquia Espiritual, elevando-me como Mestre Ascenso, haja a miraculosa intervenção da Força Divina em minha eterna morada sagrada, desabrochando as qualidades do raio opalino em mim, para que possa agir e aja como instrumento da Vontade Superior. Peço ainda que haja a ancoragem das graças do aumento de coeficiente de Luz e de todo a carga luminosa dos registros hierárquicos e dos arquivos de Shamballa, para nos auxiliar em nossas missões planetárias, solares e galácticas, tanto na Terra como além, assim que for possível.

Agradecemos e temos plena convicção de que tudo já está plenamente realizado na Ordem Divina.

Amém. Amém. Amém. Amém.

Elevação Sublime da Libertação[47]

Em nome da amada e Todo-poderosa Presença de Deus EU SOU em mim, na força pungente da Chama Trina imortal ancorada em meu coração, pelas sete forças cósmicas e dos reinos da Água, do Fogo, do Ar e da Terra, eu, (*fale seu nome de batismo*), aqui e agora, decreto:

Que minha consciência agora ocupe,
Com os seres do fogo,
Com as hostes seráficas,
Para ver agora o Desejo de Deus

De ser o mais intenso,
Reluzente esplendor branco,
Uma fornalha incandescente,
Em cujo frescor me deleito.

Vejo as sombras e os véus
Do pensamento e da loucura humana
Derretendo-se e evaporando-se,
Desaparecendo no ar
E tudo o que EU SOU está em toda a parte
E em toda parte EU SOU.

Consome em mim a escória, ó Deus,
A substância impura da relva,
O sombrio estado da fama mortal,
Consome tudo, ó Poderosa Chama
E toma-me pela mão agora mesmo,
Leva-me à Tua Luz que resplandece.

A minha alma, como a mais bela e doce rosa,
Exala a fragrância da essência criativa.
Eu que EU SOU a minha própria Presença Divina
Tomada da Chama da Verdade.

---

47. Trechos de *Grandes Anéis Eletrônicos de Fogo – Dossiê da Ascensão* (S.L., 2001).

Venci o medo e a dúvida.
Estou agora revestido
De uma veste tecida com o Sol.

Minha carne está vestida
Com uma Túnica Eletrônica Envolvente
Que eletrifica toda a minha forma,
Renova a minha mente,
A minha identidade com o seu eu original
E o resplendor dessa Estrela,
Que está dentro de mim e na minha fonte,
É um halo de esperança para as eras.

Ó, Deus, aqui estou eu, aqui EU SOU
Um só Contigo e a Teu Serviço,
Abre a porta da minha consciência
E deixa-me exigir como nunca o fiz,
Que o meu direito inato seja restaurado.

Teu Filho pródigo a Ti voltou
E anseia percorrer, uma vez mais Contigo,
Cada passo do caminho de volta para o Lar.

EU SOU o Vosso Cálice

EU SOU a verdadeira vida da chama,
Um foco do nome de Deus, EU SOU
Ciclo do Sol, descendo deslumbrante,
Ser adorável, minha fonte radiante.

EU SOU o vosso cálice livre eternamente,
Ser como vós é minha meta ardente,
Um raio de Luz expandindo amor,
Um foco da Pomba do Deus consolador.

O Vosso raio em minha forma ancorado,
Minha Divindade vem agora adornar
Vossa Chama elevando-se é um Fogo Sagrado,
Que sempre mais alto me fará chegar.

Até que, por fim, cada vez mais puro
Da Vossa vontade o foco eterno
EU SOU o Vosso cálice de cristal, seguro
Uma âncora do Vosso Amor tão terno.

Uma fonte de cura para a Terra,
Do renascimento da Vida sou prova
Que, pelo Vosso nome e seu poder,
Implorando Vosso Amor vai ascender.

EU SOU o Vosso brilho resplandecente,
Derramando-se em mim eternamente,
Vossa Alegria sempre se expandindo
Convosco estou a Vida Dirigindo!

Decreto à Rainha da Luz

Em nome da amada, poderosa e triunfante Presença de Deus EU SOU em mim, Santo Cristo Pessoal de todas as evoluções da Terra e da amada Rainha da Luz, do amado Lanello, de todo o Espírito da Grande Fraternidade Branca e da Mãe do Mundo, vida elemental – dos reinos do Fogo, do Ar, da Água e da Terra, eu, (*fale seu nome de batismo*), decreto:

Ó Santa inocência,
Desce por favor,
Do coração da Amada Rainha da Luz,
No raio da Pureza e do Amor
Leva a juventude
E aos seus pais também
Ao amor da plena Verdade
Que o EU SOU fará tão bem,
É clara a senda
Que ao teu raio conduz
Quando o erro é transmutado
E tudo aquilo que não é da Luz,
O Cristo Cósmico
Ilumina o Mundo

E dispersa a treva.
Desce agora, te rogamos,
Rainha de maio divina
E inunda os homens com a Luz peregrina!
Eu oro pela Terra,
pela família também;
Por mim mesmo peço, agora, aqui,
Por todos que eu conheci:
Ó, banha-nos agora na luz da Pureza
No teu Raio da pureza tão branco
Que o teu fulgor o coração domine,
Ó Deus, nossa pureza exige e define.
Amado EU SOU! Amado EU SOU! Amado EU SOU!

Decreto do Coração Cósmico

EU SOU, EU SOU, EU SOU uno com a riqueza na estrada da integração real e em meu ser habita a Luz que se expande para todos os seres humanos em corações cósmicos.

EU SOU, EU SOU, EU SOU, uno com os Anjos de Luz que trazem taças de purificação, para que sejam distribuídas diariamente neste plano.

Minha taça também é de Luz e espalho por onde passar, para que todos neste comprimento de onda ascendente possam recebê-la e elevar-se.

Enquanto decretar, estabeleço um eixo de Luz de cima para baixo para que brilhe, brilhe e brilhe, tornando-se um eletrodo de manifestação na Terra, para que todos possam fulgurar.

Saúdo todos os seres divinos na Luz imorredoura das Mães Divinas, estabelecendo uma comunhão perfeita nas alturas desta União superior.

Portanto, em nome da Divina Presença EU SOU e de meu Santo Cristo Pessoal, lanço agora todos os desejos desordenados no Fogo Sagrado, para que sejam consumidos agora e para sempre.

Rogo que as riquezas do Reino de Deus, que não conhecem limites, sejam vertidas sobre nós, incluindo as maiores riquezas para nossas almas, brilhando como verdadeiros diamantes, e sejam inextinguíveis.

Assim foi. Assim é. Assim será sempre.

Decreto da Sagrada Chama Crística

Ó, Divina Sagrada Chama Crística em nossos corações, que nos ajude a manifestar tudo o que vós sois, ensinando-nos a vê-la em tudo e todos. Dê-nos o auxílio para que possamos mostrar a todos os seres humanos como pedir e demandar todas as vossas excelsas glórias, desde o Grande Sol Central, até que a vitória final na terra se estabeleça.

Amada Presença EU SOU, nós honrados vos amamos, pois sois tudo para nós. Ouça nosso pleito. Ouça nossos corações e preenchei-os com a fé e o poder, para que não tenhamos temor e sejamos a vossa mente em ação.

Amada Presença EU SOU, seja em nossas células o padrão incorruptível, o oceano da pureza de Deus Altíssimo, para que sejamos a vitória na Terra, agora e para todo o sempre.

Amém! Amém! Amém! Amém!

EU SOU a Ressurreição e a Vida

EU SOU, EU SOU, EU SOU a Energia Divina em uso em cada ação.

EU SOU, EU SOU, EU SOU a Luz Divina, iluminando cada célula do meu ser.

EU SOU, EU SOU, EU SOU a Inteligência, a Sabedoria e o Amor Divinos dirigindo todas as minhas ações.

EU SOU, EU SOU, EU SOU a substância onipresente ilimitada, que posso usar e trazer à manifestação tudo de bom.

EU SOU, EU SOU, EU SOU Tua Força e compreensão perfeita.

EU SOU, EU SOU, EU SOU a Verdade que agora me dá a Perfeita Liberdade.

EU SOU, EU SOU, EU SOU a Porta Aberta para a Luz de Deus que nunca Falha.

EU SOU a Porta Aberta para a Luz de Deus.

EU SOU, EU SOU, EU SOU o Louvor ao Criador por ter entrado nesta Luz completamente, usando esse Perfeito Entendimento.

EU SOU, EU SOU, EU SOU Tua Visão que vê todas as coisas visíveis e invisíveis.

EU SOU, EU SOU, EU SOU a Audição Divina, ouvindo os Sinos da Liberdade, perfeitamente.

EU SOU, EU SOU, EU SOU Tua Habilidade Divina, sentindo a fragrância mais arrebatadora à tua Santa Vontade.

EU SOU, EU SOU, EU SOU a Completude de toda Perfeição que sempre desejei manifestar.

EU SOU, EU SOU, EU SOU a plena compreensão, poder e uso de toda esta perfeição que vejo e percebo.

EU SOU, EU SOU, EU SOU a Revelação Plena e o uso de todos os Poderes do meu Ser que EU SOU.

EU SOU, EU SOU, EU SOU o Amor, a Poderosa Força Motriz por trás de toda ação agora manifesta.

EU SOU, EU SOU, EU SOU LUZ, LUZ, LUZ, eternamente LUZ.

Amém! Amém! Amém! Amém!

Terminamos aqui os decretos, as invocações e os rituais dos 12 Raios Cósmicos. A seguir, vamos iniciar a apresentação e o detalhamento dos decretos variados para diversas situações, sempre, quando necessário, com as devidas explicações.

CAPÍTULO IX

Decretos para Situações Específicas

Em primeiro lugar, é preciso entender a diferença entre decreto de poder e decreto de invocação. Quando realizamos esses decretos oferecidos aos Mestres Ascensos, eles possuem um extraordinário poder sobre sua integralidade pessoal, seu ambiente, os cenários que você experimenta e vive, as próprias circunstâncias de sua existência terrestre e seu Ser Espiritual, realidade esta capaz de ajudar cada um a transcender até a Luz. Os textos sagrados e antigos nos ensinam: "O que decretas hoje será o que se estabelecerá em ti".

Para que o decreto de poder seja eficiente e eficaz, é de vital importância a sua fé, a sensatez e a Luz do seu ser, seu interior espiritual e a transcendência de seu Eu Espiritual.

Assim, temos os chamados *decretos de poder*, que são aqueles que trazem força em sua composição e vibração peculiar, determinando, pela frequência, o envolvimento aos que decretam em energia de luz intensa no seu campo áurico, periférico, circunjacente ou mesmo distante para onde foram direcionados, independentemente de serem do 1º Raio ou não. Já os *decretos de invocação* traduzem-se, por assim dizer, naqueles em que o decretante invoca as forças subjacentes do seu conteúdo, à medida que as palavras são ditas. Vejamos mais a respeito a seguir.

Como Realizar o Serviço de Invocação

São necessárias três velas: uma azul, uma amarela e uma rosa. Nesta ordem, devem ser colocadas em um castiçal triplo, com pilares da mesma altura. Com cuidado, ponha sobre a mesa ou o altar de serviço.

Recomenda-se que se coloque músicas-chave, ou seja, dos Mestres, conforme o Raio Cósmico.[48]

Se puder, faça este trabalho em um santuário da Grande Fraternidade Branca, com o auxílio de um Sacerdote ou de uma Sacerdotisa da Ordem de Luz, que atuará como oficiante, ou, então, que seja com alguém que já saiba realizar o trabalho corretamente.

A roupa a ser utilizada deve ser branca preferencialmente e, se desejar, com uma blusa, camisa ou camiseta da cor do raio do dia – ou, simplesmente, violeta.

Se tiver mais alguém participando, deverá se trajar da mesma forma, para constituição da egrégora.

Antes de decretar, o primeiro passo é fazer uma breve meditação, guiando os presentes, conforme sua descrição.

Realize o trabalho com os decretos de sua preferência, começando sempre por alguns da Chama Azul (15 minutos, no mínimo) e seguindo com qualquer outro que desejar.

Decreto de Poder de Ísis

Em nome da Todo-Poderosa Presença EU SOU, que habita em mim, de meu Divino Eu Crístico, da Chama Tríplice Imortal em meu coração, peço agora, decreto, afirmo e constato, cheio de amor e humildade, a proteção, a força e a luz espiritual da Deusa Ísis, do Egito. Que sua forma e poderosa energia provenientes da Rosa Vermelha e violácea e todos seus raios de Luz agora, por intermédio do chacra da coroa, inundem todo o meu ser, a fim de que possa sentir todas as virtudes femininas de poder pessoal, alquimia, força e magia.

Assim seja (3x), assim será agora (3x), assim já é (3x).

Amém.

---

48. LÂTARE, Valdiviáh G. S. *Seu Raio Cósmico de Missão*. 4. ed. São Paulo: Alfabeto, 2017.

Decreto do Mestre Ascenso Krishna[49]

Faça a pergunta: onde me encontro no Ciclo Eterno do Ser? Amados, este ponto foi perdido e precisa ser reencontrado, porque a preparação da alma é feita durante longas eras, primeiro na encarnação da alma, depois o Eu Superior e, mais tarde, de Deus. Dessa maneira, a alma se move para adquirir o status de Avatara.

Este decreto para Krishna visa imprimir um ritmo de irradiação do coração para o Universo, fortalecendo, assim, as cordas do ser. O coração é o cálice de Krishna, pois ele vem para nutrir a alma, para que cresça em uma luz menor até atingir o potencial da luz maior.

Quando enviamos devoção a ele, por meio de mantras, decretos ou cânticos sagrados, abrimos com o nosso amor um caminho até o seu coração. Ele abre a outra metade da estrada e devolve nossa devoção multiplicada.

Decreto da Força do Guerreiro Krishna

Em nome da Todo-Poderosa Presença EU SOU, em nome da Todo--Poderosa Presença EU SOU, em Nome da Todo-Poderosa Presença EU SOU que habita em mim, de meu Divino Eu Crístico, da Chama Tríplice Imortal em meu coração que habita em mim, de meu Divino Eu Crístico, da Chama Tríplice Imortal em meu coração que habita em mim, de meu Divino Eu Crístico, da Chama Tríplice Imortal em meu coração, INVOCO agora o amado Mestre Ascenso Senhor Krishna, Supremo Senhor da Música Divina e da Índia, doador da Força de Luz ao guerreiro e à guerreira, e mensageiro da Energia Azul, como a do amado Arcanjo Miguel, para que aqui e agora, com devoção, amor e fé, possas e me ajudes a libertar-me de (*fale seu pedido com fé, devoção e amor*) e que, desta forma, eu tenha coragem, força e decisão para defender e proclamar somente a verdade.

---

49. Krishna é um ser divino, uma encarnação da Divindade. Conhecido como a oitava encarnação de Vishnu e a segunda pessoa da trindade hindu. No Bhagavad Gita (Canção de Deus), parte integrante do Mahabharata (épico indiano), há um diálogo entre Krishna e Arjuna. Este é o arquétipo da alma de cada um de nós; ele como o cocheiro de nossa alma, uno com o Eu Superior, nosso Santo Cristo Pessoal.

Amado Senhor e Mestre, peço ainda pela Justiça Divina para todas as situações e realidades que enfrento cotidianamente, peço também proteção para o meu plano divino e missão, assim como para o Plano Divino Universal, a fim de que sejam concluídos. Querido e amado Senhor Krishna, rogo me preencha de alegria, felicidade, luz, conexão espiritual, força protetora de teu Raio Azul e cura com tua Divina Música.

Irradiai luz, irradiai luz, irradiai luz, irradiai luz!

Irradiai Fogo Sagrado, irradiai raios de luz, irradiai Fogo Sagrado, irradiai raios de luz. Irradiai Fogo Sagrado, irradiai raios de luz; irradiai Fogo Sagrado, irradiai raios de luz!

EU SOU o Senhor Krishna se movendo na Terra, movendo-se e ajudando a todos, fazendo parte de Tudo.

EU SOU Deus em toda parte na consciência do homem e estou no coração do homem, que está em toda parte na consciência de Deus.

EU SOU o Ser Universal, o Ser Total, o Ser Preferido, o Ser Eterno, o conquistador do não eu, o que dispersa toda a ilusão.

EU SOU O QUE EU SOU Krishna.

Ó, Krishna, EU SOU (*fale seu nome para que ele possa ser registrado nas vestes de ouro dele*)

Assim seja (3x), assim será agora (3x), assim é já (3x).

Decreto a Osíris[50]

(Para transmutar e liberar todas as energias masculinas mal usadas.)

Em nome da Todo-Poderosa Presença EU SOU, em nome da Todo--Poderosa Presença EU SOU, em nome da Todo-Poderosa Presença EU SOU que habita em mim, de meu Divino Eu Crístico, da Chama Tríplice Imortal em meu coração que habita em mim, invoco o amado Mestre Ascenso Osíris e a chama gêmea de Ísis, irmãos do Egito, para que, dos meus chacras, me auxiliem a liberar todas as memórias e padrões negativos,

---

50. Mestre Ascendido que tem ligação com a Grande Pirâmide no Egito. Marido de Ísis e pai de Hórus, era ele quem julgava os mortos na Sala das Duas Verdades, onde se procedia à pesagem do coração ou psicostasia.

quando encarnado como ser masculino, que foram mal utilizados, tais como violência, abuso, raiva, covardia, ódio, machismo, exploração dos fracos, utilização da força física nas guerras que eu tenha participado e outros atos de violência que tenha realizado contra os irmãos da Criação.

Por isso, Divino Mestre, com muita harmonia e paz em meu coração, agora eu os liberto, para que sejam transmutados em Luz.

Assim, eu decreto e vos peço ainda que, durante as noites em que meditar e durante o sono, preencha-me com harmonia para que haja equilíbrio perfeito entre as energias masculina e feminina em meu ser integral.

Assim seja (3x), assim será agora (3x), assim é já (3x). Amém!

Decreto para Transmutar e Apagar os Fardos da Vida Elemental[51]

Antes de decretar, considere o núcleo de cada célula. Considere a energia produzida por seu corpo. Tudo isso se traduz em calor, em vida, em imortalidade e em vitória. Quando pensamos nesses recursos dentro de nós e olhamos a vida elemental, entendemos o motivo pelo qual há a necessidade de libertar a vida elemental dos abusos dos quatro elementos. Assim, uma ação metódica e planejada por 15 minutos por dia é o suficiente, desde que seja regular. Decrete:

Em nome da minha Poderosa Presença do EU SOU, vamos curar milhões de Elementais da Terra.

Amada Poderosa Presença EU SOU, em nome do meu santo Cristo Pessoal e pelo amor, sabedoria e poder da minha Chama Trina imorredoura, invoco, aqui e agora, a ação transmutadora do fogo do meu ser, multiplicada pela Chama Violeta, multiplicada pelo fogo do Grande Sol Central. Invoco esta ação em prol de toda a vida elemental, incluindo meu elemental do corpo e os elementais do corpo de todas as almas em evolução no planeta Terra.

---

51. *Pearls of Wisdom*, vol. 47, 2004.

Pelo que a porção da chama por mim invocada e por tudo o que EU SOU possa agora curar milhões de elementais da Terra! Decreto que isto aconteça em nome da minha própria Cristicidade, em nome de me tornar o Mestre Ascenso que serei e que já sou, pois a semente está encerrada dentro de si mesma, e a semente da minha Poderosa Presença EU SOU está comigo dentro do meu coração! Portanto, dedico as porcentagens do fogo da minha corrente de vida, permitidas pelos Senhores do Carma, para a libertação de toda a vida elemental.

Assim o declaro em nome do Pai, da Mãe Universal, do Filho e do Espírito Santo! E aceito que isto se manifeste agora mesmo com pleno poder e com as bênçãos dos Senhores do Carma. Amém. Amém. Amém. Amém!

Decretos Para Cada Signo Específico

A oração e o decretar são duas das mais fantásticas e poderosas ferramentas para nosso crescimento interior, e praticar as correspondentes a seu signo zodiacal é muito importante.

Após o banho e antes de dormir são momentos muito propícios para orar, pois favorecem e criam a possibilidade de que um mensageiro divino ou Mestre una-se aos pensamentos buscando conceder determinado poder. Também poderá ser feito de manhã cedo, junto com a família, e dedicando alguns minutos apenas para decretar essas poderosas frases de acordo com o signo zodiacal de cada um, podendo ser em casa, em um jardim, em locais adornados com incensos e velas aromáticas, etc.

Entretanto, sua voz interior, seu coração dirão o melhor momento para orar, elevar sua vibração energética e ser brindado com as bênçãos de Luz. Reconhecerá seus dons zodiacais.

Atitude e intenção são a chave para orar corretamente. Creia. Tudo acontece ao que realmente crê.

ÁRIES: Movimento

EU SOU, EU SOU, EU SOU o movimento perfeito, constante e em evolução. EU SOU, EU SOU, EU SOU a centelha divina no início de cada ideia e ação do Universo. EU SOU, EU SOU, EU SOU a energia útil e dinâmica que resplandece a cada momento. EU SOU, EU SOU, EU SOU Áries.

TOURO: Estabilidade

EU SOU, EU SOU, EU SOU a estabilidade perfeita e autossustentada com o correto equilíbrio. EU SOU, EU SOU, EU SOU a divina energia ordenada e eminentemente prática. EU SOU, EU SOU, EU SOU a correta substância a serviço do bem-estar. EU SOU, EU SOU, EU SOU Touro.

GÊMEOS: Versatilidade

EU SOU, EU SOU, EU SOU a própria versatilidade e possibilidades infinitas. EU SOU, EU SOU, EU SOU a perfeita ideia em qualquer cenário e circunstância que surja. EU SOU, EU SOU, EU SOU todo o potencial divino. EU SOU, EU SOU, EU SOU Gêmeos.

CÂNCER: Devoção

EU SOU, EU SOU, EU SOU divina devoção e amor incondicional. EU SOU, EU SOU, EU SOU pura e luminosa emotividade. EU SOU, EU SOU, EU SOU a eterna força do amor outorgado e recebido. EU SOU, EU SOU, EU SOU Câncer.

LEÃO: Magnetismo

EU SOU, EU SOU, EU SOU o divino e imaculado magnetismo. EU SOU, EU SOU, EU SOU a energia de atração e unificação. EU SOU, EU SOU, EU SOU a força que brilha com luz própria. EU SOU, EU SOU, EU SOU Leão.

VIRGEM: Potencial

EU SOU, EU SOU, EU SOU o perfeito potencial divino. EU SOU, EU SOU, EU SOU o ilimitado poder de solução. EU SOU, EU SOU, EU SOU a energia da luz que dá claridade e entendimento. EU SOU, EU SOU, EU SOU Virgem.

LIBRA: Harmonia

EU SOU, EU SOU, EU SOU a justiça e harmonia divinas. EU SOU, EU SOU, EU SOU a divina energia que equilibra tudo, o tangível e o intangível. EU SOU, EU SOU, EU SOU a constante e ascendente vibração. EU SOU, EU SOU, EU SOU Libra.

ESCORPIÃO: Intensidade

EU SOU, EU SOU, EU SOU intensidade e força contundente. EU SOU, EU SOU, EU SOU a experiência vivencial que outorga conhecimento. EU SOU, EU SOU, EU SOU o processo e o resultado. EU SOU, EU SOU, EU SOU Escorpião.

SAGITÁRIO: Visualização

EU SOU, EU SOU, EU SOU a visualização plena e total. EU SOU, EU SOU, EU SOU a compreensão do ambiente visível e invisível. EU SOU, EU SOU, EU SOU o observador e calcificador da energia. EU SOU, EU SOU, EU SOU Sagitário.

CAPRICÓRNIO: Ordem

EU SOU, EU SOU, EU SOU a divina ordem da substância perfeita. EU SOU, EU SOU, EU SOU o pleno reconhecimento da forma e estrutura. EU SOU, EU SOU, EU SOU o protetor e executor das leis universais. EU SOU, EU SOU, EU SOU Capricórnio.

AQUÁRIO: Imaginação

EU SOU, EU SOU, EU SOU a poderosa divina imaginação. EU SOU, EU SOU, EU SOU a porta aberta por onde se apresentam e concretizam as ideias. EU SOU, EU SOU, EU SOU a constante e ilimitada. EU SOU, EU SOU, EU SOU Aquário.

PEIXES: Compreensão

EU SOU, EU SOU, EU SOU o divino entendimento e compreensão profundos. EU SOU, EU SOU, EU SOU a sabedoria da pura luz que brilha em tudo. EU SOU, EU SOU, EU SOU a origem e o destino da ideia. EU SOU, EU SOU, EU SOU Peixes.

Terminamos este capítulo com esses decretos especiais para os signos. Adentraremos, a seguir, nos campos dos mantras divinos de força e poder, inclusive dentro das cinco línguas ditas sagradas.

CAPÍTULO X

Mantras nas Cinco Línguas Sagradas

Para entrar neste capítulo, necessitamos dar uma explicação breve sobre mantra e como ele pode nos auxiliar. A palavra *mantra* vem do sânscrito (uma das cinco línguas sagradas) e tem muitas diferenças sutis, possuindo significados como "instrumento da mente", "linguagem divina" e até mesmo "linguagem da fisiologia espiritual humana", que são apenas algumas interpretações, conotações do significado.

A prática dos mantras pode nos ajudar a lidar com problemas, questões e até mesmo necessidades pessoais e individuais da existencia terrena. Todos nós, em algum momento da vida, necessitamos de algo ou precisamos realizar transformações e mudanças, podendo ser em questões como amor, saúde, dificuldades financeiras, aquisição de um bem, entre tantas outras.

Sabemos que os Mestres Ascensos, a própria Hierarquia da Grande Fraternidade Branca e os auxiliares invisíveis buscam auxiliar o ser humano em seu processo evolutivo. Entretanto, isso não quer dizer que o homem tem que se destituir de todas as dádivas divinas, já que elas foram ofertadas pelo próprio Criador na sua criação. Temos o direito divino e inato de possuir abundância infinita, prosperidade infinita, enfim, tudo o que esteja ligado ao bem absoluto, às bençãos divinas.

Por isso, podemos nos utilizar dos mantras não só para o espiritual como também para o material. E, inclusive, para o aspecto dos nossos corpos inferiores, entre eles o emocional, quando percebemos que temos que lidar com fortes emoções e conflitos interiores, como depressão, frustração, tristeza, ciúmes, medo, raiva, etc.

Importante frisar que não somente podemos nos beneficiar com a atuação dos mantras como também auxiliar outras pessoas que necessitem, sejam próximas a nós ou não.

Tudo isso faz parte dos desafios que surgem em nosso caminho, em nossa vida humana.

Mantras Indianos

Om Shree Mahalakshmi Namaha
(Gayatri Mantra – versão curta)

Om: Bem-vindo por Deus

Shreem: Graciosidade

Maha: Grandioso

Lakshmi: Força feminina da riqueza

Namaha: Minha saudação

Este mantra é uma oração universal. Tido como uma relíquia, foi extraído dos Vedas, as mais antigas escrituras do homem. Ele pode ser recitado com devoção para o benefício material ou benefício espiritual, em qualquer idade e em qualquer lugar do mundo onde você estiver.

Tem um poder *imenso* e pode ser cantado em qualquer momento e em qualquer lugar, trazendo redenção para quem o entoa. Conduz diretamente à Mãe Divina, emanando amor e reverência, e pela fé chega-se a resultados mais do que apenas pela repetição automática e mecânica, pois assim a mente fica divagando em questões externas, sem concentração devida, sem internalização. Interessante fazer este mantra pela manhã e antes de adormecer.

Om Bhur Bhuvah Svah
Om Tat Savitur Varenyam
Bhargo Devasya Dhimahi
Dhiyo Yo Nah Prachodayat

Om: É Brahman, o som como base da criação

Bhur: Plano físico, se refere ao corpo físico, feito dos cinco elementos

Bhuva: É a presença do prana, o que anima o corpo, o Éter, o sutil

Svaha: A terra dos deuses, o céu, o causal

Tat: Deus, o Brahman

Savitur: Aquele do qual tudo é criado

Varenyam: Visto para ser adorado

Bhargo: O radiante fulgor espiritual, a luz que confere sabedoria

Devasya: Realidade divina, graça divina

Deemahi: Meditamos, contemplamos

Dhi Yo: Intelecto

Yo: Que

Nah: Nos

Prachodayat: Ilumina

Om Bhuh, Om Bhuvaha, Om Swaha, Om Maha, Om Janaha,
Om Tapaha, Om Satyam Om Tat Savitur Varenyam,
Bhargo Devasya Dhimahi Hiyo Yonaha Prachodayat

(Gayatri Mantra – versão longa)

Significado: Ó, Luz autorrefulgente que deu à luz todos os *lokas* (esferas da consciência), que são dignos de adoração e aparecem através da órbita do Sol, iluminando nosso intelecto.

É o mantra para a iluminação, para pedirmos ao Universo que nos ajude em nossa iluminação. Gayatri é a Deusa da Luz. Este mantra desempenha um importante papel dado por Deus na elevação de toda a espécie humana em direção à iluminação.

Om Namah Shivaya

Om e Namah: Saudações

Shiva: Estar

"Que os elementos deste Universo se manifestem plenamente em mim."

Na Santíssima Trindade (Brahma, Vishnu e Mahesha), Shiva é o mais poderoso e o conhecedor do divino.

Uma vez que é inocente, a raiva se transforma de forma inesperada para ele. Aqueles que anseiam o próprio bem-estar e o de seus filhos devem meditar sobre este mantra.

De acordo com os antigos sábios da Índia, uma vida plena só pode ser considerada como tal quando é cheia de bondade, verdade e beleza.

Os nomes sânscritos para essas três virtudes são Sattyam, Sivam e Sundaram.

Dos três, a bondade tem precedência. Se algo não é bom, nunca vai ser bonito. E se isso não é bom, nem bonito, como pode ser verdade?

Portanto, o mantra de Shiva nos leva ao fim último da vida, oferecendo apenas o melhor.

Ao repetir este mantra com uma atitude interior correta, uma alteração química ocorre no corpo. Lentamente, o mundo interior é iluminado pela Luz Divina. Em poucos dias, é provável que se experimentadas visões extraordinárias.

Quando o mantra toma força, a pessoa automaticamente está imersa nele. O mantra de Shiva leva a um ponto azul que representa o último estágio da consciência humana.

Além disso, é glória eterna e harmonia perpétua. Este é o objetivo final.

Om Gum Ganapatayei Mamaha

Significado: Saudações àquele que remove obstáculos (Gum é o som que semeia).

Este mantra destina-se à remoção de todo obstáculo que impeça a manifestação do que se deseja. Se a busca é por emprego fixo e renumerado, pela aquisição de um imóvel ou por qualquer outra situação, este mantra deve ser repetido o máximo de vezes possível pelo período de 40 dias.

Ele também pode ser utilizado por casais que desejem encontrar as respostas de eventuais desentendimentos, encontrando a clareza mental para a superação e para fazer a relação entrar nos trilhos.

Mantras para Transformação do Karma

As áreas de nosso corpo são regidas por certos astros e planetas, e existem mantras específicos para cada uma delas, beneficiando os órgãos. Veja:

ÓRGÃO RELACIONADO	PLANETA	MANTRA CURADOR
Coração, coluna, diafragma, timo, sangue e veias	Sol	OM SRI SURYAYA NAMAHA (Saudações a Surya, Espírito que preside o Sol)
Estômago (inclusive os processos gástricos), seios, linfático e secreções, como o suor e a saliva, sistema nervoso simpático	Lua	OM SRI CHANDRAYA NAMANHA (Saudações a Chandra, Espírito que preside a Lua)
Mãos, braços, pulmões, órgãos sensoriais, alguma influência na glândula tireoide	Mercúrio	OM SRI BUDHAYA NAMAHA (Saudações a Budha, Espírito que preside o planeta Mercúrio)
Garganta, pescoço, rins, ligação secundária com órgãos sexuais e pés, algumas influências na glândula tireoide	Vênus	OM SRI SHUKRAYA NAMAHA (Saudações a Shukra, Espírito que preside o planeta Vênus)
Órgãos sexuais, glândulas suprarrenais, glóbulos vermelhos	Marte	OM SRI ANGARAKAYA NAMAHA (Saudações ao Espírito que preside o planeta Marte)
Fígado, vesícula biliar, lobo posterior da pituitária (relacionado com o crescimento), coxas	Júpiter	OM SRI GURAVE NAMAHA (Saudações a Guru, Espírito que preside o planeta Júpiter)
Baço sistema ósseo, incluindo a cartilagem, pele, parte da perna que vai do joelho ao tornozelo, lobo anterior da glândula pituitária	Saturno	OM SRI SHANAISHWARAYA SWAHA (Saudações a Shani, o Espírito que preside o planeta Saturno

Mantras Indianos para cada Signo

Áries	Marte	Om sri angarakaya namaha
Touro	Vênus	Om sri shukraya namaha
Gêmeos	Mercúrio	Om sri budhaya namaha
Câncer	Lua	Om sri chandraya namaha
Leão	Sol	Om sri suryaya namaha
Virgem	Mercúrio	Om sri budhaya namaha
Libra	Vênus	Om sri shukraya namaha
Escorpião	Marte/Plutão	Om sri angarakaya namaha
Sagitário	Júpiter	Om sri gurave namaha
Capricórnio	Saturno	Om sri shanaishwaraya namaha
Aquário	Urano/Saturno	Om sri shanaishwaraya namaha
Peixes	Júpiter/Netuno	Om sri gurave namaha

Mantras Básicos para Ativação dos Chacras

Há mantras que são tidos como neutros para ajudar a ativar cada um dos chacras e dar condições para que lidem com a energia que, ao ser processada, é utilizada pelo seu centro respectivo.

1º Chacra da Base da Coluna – Muladhara

Elemento: Terra
Qualidade: Olfato
Mantra: LAM
Pode surgir flagrância indicando progresso espiritual.

2º Chacra do Centro Genital – Swadhisthana

Elemento: Água
Qualidade: Paladar
Mantra: VAM

Visualize uma lua crescente sobre a água. Gera paciência e controle do apetite.

3º Chacra do Plexo Solar – Manipura

Elemento: Fogo
Qualidade: Forma
Mantra: RAM

Sinta o fogo amigo que é parte de você. Equilibrando-o desaparecem distúrbios estomacais e problemas digestivos

4º Chacra do Centro do Coração – Anahata

Elemento: Ar
Qualidade: Tato
Mantra: YAM

Pode ser que, ao proferir este mantra, se ouça música das esferas ou sons de anjos. Pode ocorrer o alívio de sintomas de asma e outras doenças pulmonares.

5º Chacra da Garganta – Vishuddha

Elemento: Éter
Qualidade: Som
Mantra: HAM

Com a evocação deste mantra, pode ocorrer a cura de problemas na região da garganta e facilitar o aprendizado de outras línguas.

6º Chacra da Terceira Visão – Ajna

Energias: Masculina e feminina se encontram nesta região.
Qualidade: Inteligência cósmica
Mantra: OM

Com sua evocação, são eliminadas as preocupações, possibilitando a serenidade mental.

7º Chacra da Coroa – Sahasrara

Visto como uma flor de lótus. Recebimento da Luz Divina. O Cálice. Quando equilibrado, recebemos benefícios, como melhor memória, compreensão, facilidade em adquirir sabedoria e até mesmo aumento do poder de mediunidade e telepatia.

Mantra: AUM.

Mantras Chineses

Om Mani Padme Hum[52]

Salve a Joia do Lótus

Com o Om, trabalhamos o aperfeiçoamento da generosidade, purificando o orgulho e o ego. *Om da própria Criação.*

O mantra inteiro é muito poderoso, pois contém a essência de todos os ensinamentos.

Sua escritura em sânscrito é:

---

52. Ver: LÂTARE, Mahrcos A. *No Coração de Kuan Yin: onde nasce a compaixão.* São Paulo: Alfabeto, 2015.

Mantra dos Cinco Budas Dhyani

OS MANTRAS DOS CINCO BUDAS DHYANI					
Dhyani Buda	Vairochana	Akshobhya	Ratnasambhava	Amitabha	Amoghasiddhi
O Significado do Nome	O Sol Radiante	Imutável, Inabalável	A Origem das Joias	Luz Infinita	Aquele que Alcança suas Metas
A Qualidade/ O Agregado	Consciência	Forma	Sentimento, Sensação	Percepção	Mestria do Plano Divino
A Sabedoria	A Sabedoria do EU SOU O QUE EU SOU	A Sabedoria do EU SOU Refletida (Abaixo Como Em Cima)	A Sabedoria da Equanimidade, Ânimo Tanto na Desgraça Quanto na Prosperidade, Serenidade, Moderação, Imparcialidade	A Sabedoria Discriminativa, Discernimento	A Sabedoria da Realização, Sabedoria da Perfeita Ação
Este Mantra Liberta de	Ignorância	Ódio e Raiva	Orgulho, Ego Espiritual, Intelectual e Humano	Paixões e Desejos Incontroláveis	Inveja, Ciúme e Falta de Confiança em Si
Bija	Om	Hum	Tram	Hrih	Ah
Mantra	Om Vairochana Om	Om Akshobya Hum	Om Ratnasambhava Tram	Om Amitabha Hrih	Om Amoghasiddhi Ah

Mantras Tibetanos

Mantra para Tara

Há os chamados mantras fundamentais dirigidos para Tara, a Grande Shakti Divina. De manhã e de noite, o mantra a seguir é ouvido nos templos tibetanos:

Om Tare Tuttare Ture Swaha

Significado: Om (mantra da criação) e saudações a ela (Tara), que é a fonte de todas as bênçãos.

Mantra da Paz Universal de Tara

Destina-se a pedir que a energia da grande Tara conceda paz a todos os seres.

Om Tare Tuttare Sarva Shantim Kuru Swaha

Significado: Om e saudações a ela, que é a fonte de todas as bênçãos. Por favor, traga paz a todos os seres.

Om Tare Tuttare Sarva Vighne Bhyo Raksham Kuru Waha

Proteção contra forças obstrutivas.

Om Tare Tuttare Sarva Vighne Bhyo Rakshnam Kuru Swaha

Proteção contra doenças.

Om Vajrasatva Hum

Este é o mantra da pureza (Vajrasatva é a pureza). Cor branca, sem mácula, serve para purificar todas as impressões negativas que tenham sido gravadas em seu ser ao longo do dia. Não há nada que Vajrasatva não possa purificar. Serve também para eliminar mal-estares, enfermidades, impurezas, maus espíritos, etc.

Sua recitação deve acontecer junto com a visualização sobre sua cabeça e a absorção do néctar branco luminoso. Ao final, conclua com a convicção de que a purificação teve lugar e de que houve a absorção de Vajratava.

Om Padmoshnisha Vimale Humphat

Transformação da negatividade e mantra de proteção.

Om Mani Péme Hung

Para abrir o lótus do coração.

Om Tare Tutare Ture Soha

Elimina os obstáculos no cultivo do Espírito. É um mantra que, em definitivo, proporcionará também proteção interior. Pode ser feito como prática espiritual.

Mantras Egípcios

Amma Su Em Paneter

Para que se renda a Deus Verdadeiro.

Sa Uk Emment Em Paneter

Render-se diariamente a Deus Verdadeiro.

Au – Tu –Makete –Paharu

E deixe amanhã ser como hoje.

Pa Neter

Deus Criador.

Uben Na

Eu brilho.

Hatia Em Pa Hatu Maakeru

Faça meu coração ser vitorioso na Casa de muitas Moradas.

Significado: Para que eu me renda ao Deus Verdadeiro, e me renda diariamente a Ele, peço que deixe amanhã ser como hoje, Oh Deus Criador, pois eu brilho. E faça meu coração ser vitorioso na Casa de muitas Moradas.

Hebraicos de Cura *(Língua sagrada Vetor)*

Use as palavras com amor, força, luz, cor e sensibilidade de cura para a pessoa a ser curada. Grandes mudanças podem ocorrer. Existem centenas de formas no processo de cura; por essa razão, deveria haver uma escola para curadores (pois o processo de cura cientificamente demora anos), mas, pela Graça Divina, existem poderes que podem ser derramados. A seguir, aprenda o básico para ter o suficiente para tornar possível o restabelecimento da saúde daqueles que estão próximos ao seu coração.

Raphael Ain Soph (A Cura da Luz Ilimitada)

Visualize uma chuva de bênçãos irradiando cura para todo o corpo.

Refuah Shlemá

A Bênção de Cura (Refuáh) é uma das várias bênçãos (Brachot) do judaísmo. É a oitava bênção a ser recitada na oração da tarde, a Amidá, que se encontra no livro de orações, o Sidur, sendo recitada logo após a Bênção da Redenção. A oração é retirada do livro de Jeremias (17:14), e é uma das bênçãos que se pede ao longo da semana, sendo usada também isoladamente para o pedido de intercessão de HaShem na cura de um familiar ou amigo doente.

Significado: Cura-nos, Eterno, e seremos curados; socorre-nos e seremos socorridos, pois que Tu és objeto de nossos louvores. Restaura a nossa saúde e concede-nos uma perfeita cura a todas as nossas feridas, pois Tu és D'us, Rei, Médico fiel e misericordioso. Bendito sejas Tu, eterno, que curas os doentes do Teu povo Israel

El Na Refa Na La

Moisés estava abrindo um canal para a cura, e até hoje podemos usar essa oração em hebraico como um mantra para cura.

Significado: Deus, por favor, cure-a.

Abba Nartoomid (Pai da Luz Eterna)

Da Luz do Ain Soph emana o poder da Luz Divina para todos seus filhos e filhas nos mundos de Criação.

Esta expressão, com seu poder, invoca energias que podem criar e estabelecer círculos de luz branca enviados do Pai aos que precisam de proteção e cura.

Outros mantras hebraicos

Kodosih Kodoish Kodoish Adonai Tsebaytoh

Significado: Santo, Santo, Santo é o Senhor Deus das Hostes.

Esta é a saudação sagrada que é usada por toda a Hierarquia e pelos Filhos e Filhas da Luz para saudar o Pai diante de seu trono.

Serve para a proteção contra forças negativas, pois nenhuma dessas forças pode permanecer quando esse mantra é entoado. É também usado para a manifestação visível da divindade da Hierarquia, assim como para discernir ordens angélicas pelo seu uso como uma saudação, determinando aqueles que servem ao Pai Eterno e aqueles que são seus verdadeiros Mensageiros.

Baruch Atá Adonai Eloheinu Melech Haolam

Significado: Bendito seja o nome do Senhor Criador dos céus e da terra por toda a Eternidade! Fiel é a tua palavra e justos teus mandamentos.

Invoca o Senhor Todo-Poderoso do Universo. Ao pronunciá-lo por algum tempo, sentirá um forte acúmulo de energia no plexo solar e no chacra da garganta.

CAPÍTULO XI

Rituais e Decretos

No que se refere a rituais propriamente ditos, esclarecemos, com propriedade, que deva ser observado em qual aspecto a Lua se encontra, considerando a poderosa energia que ela traz. Com os trabalhos desenvolvidos em cada fase, podemos ser capazes de dar amplitude e força aos decretos e aos nossos desejos para sua realização mais rápida.

Portanto, é necessário e importante levar em consideração os seguintes aspectos gerais, que devem ser observados para realizar os rituais:

1. Sem fé, não há nada. Este não é apenas o primeiro ingrediente, mas indispensável tanto quanto o uso do verbo, a palavra.
2. Você deve preparar um local ou estar em um lugar sozinho, tranquilo, onde se possa fazer o trabalho sem sofrer interrupções.
3. Tenha pensamento positivo acerca da realização, com a certeza de que o que você está fazendo vai dar certo.
4. Observe a fase da lua em que se encontra, adequando ao tipo de pedido, para que os rituais sejam específicos para a produção do resultado pretendido. Use os decretos necessários e correspondentes de acordo com:

Lua Nova: Rituais para cortar coisas negativas, eliminar o que não queremos e limpar feitiços de magia negra.

Lua Crescente: Propícia ao crescimento daquilo que desejamos de bom. É fecundidade no amor, no trabalho, na amizade, na união familiar.

Lua Cheia: É a lua da abundância, do florescimento, da força do amor e da justiça.

Lua Minguante: Mais adequada para reduzir o que não queremos, o que nos aflige, seja doença, inimigo, deslealdade, ciúme.

Ritual da Lua Crescente para o Trabalho

Com este ritual, você pode obter tudo o deseja em matéria de emprego, apagando todo o passado, o negativo, o pesado, as feridas e os ressentimentos que permanecem e impedem a manifestação desse desejo.

Com isso, é possível abrir caminho para uma nova perspectiva em seu emprego e posição dentro da empresa, para um novo começo, curando feridas do passado, sem prejudicar terceiros.

Para fazer isso, você deve preparar os materiais com antecedência, para fazer o ritual à noite, é claro. Você vai precisar de uma folha para escrever, um recipiente com água, mirra, um lápis de grafite e uma vela amarela.

Comece escrevendo na folha: "Com o poder da Lua crescente, limpo todas as energias negativas que impedem o verdadeiro fluir do reconhecimento de minhas qualidades no meu emprego, e, assim, consigo atrair a visibilidade do que sou como empregado".

(Escolha um ou mais decretos do trabalho perfeito que estão neste livro e os realize.)

Em seguida, pegue a folha, dobre-a duas vezes e coloque-a sob um recipiente onde vai queimar a mirra. Deixe-o ao lado do recipiente com água, juntamente à vela amarela acesa.

Depois que ambas forem consumidas e apagadas, você pode deixar ao luar e pegar no dia seguinte, descartando tudo.

É importante que você esteja sereno e calmo ao fazer este ritual. Verá que realmente tudo se modificará e suas qualidades profissionais serão reconhecidas.

Ritual da Lua Crescente para o Novo Emprego

Com este ritual, você consegue obter aquele emprego que deseja. Mas, primeiro, tenha clareza sobre em que companhia e em que posição deseja estar. Uma vez esclarecido este ponto, em noite de Lua Crescente, invoque seu poder.

Você deve obter os seguintes materiais: água de cor verde (pode ser com alguma essência), três velas brancas e uma moeda de prata.

Este ritual deve ser feito em um local onde a lua possa ser vista. Faça um círculo com a água verde no chão, fique lá dentro e acenda as velas, colocando-as no chão junto com a moeda.

Recite, repetindo por sete vezes: Já estou trabalhando em (*fale o local ou empresa onde deseja trabalhar*). Em seguida, colete a moeda de prata e carregue-a na carteira, até o momento em que conseguir aquele emprego dos sonhos. É importante que ninguém toque na moeda, exceto você.

Ritual para Fazer Desejos na Lua Cheia

Esta Lua é muito poderosa para rituais, especialmente para a realização de desejos. Toda a sua força se manifesta.

Você deve fazer este ritual em um espaço ao ar livre, onde o luar banhe tudo. Você e os objetos que vai usar devem ser tocados pela luz da Lua.

Prepare uma mesa que irá usar como altar, com os seguintes materiais: um bastão de incenso, cinco velas (duas brancas e três amarelas) e um objeto que represente o seu desejo. Por exemplo, se quer esquecer uma pessoa, coloque uma fotografia em que só apareça ela (nem que tenha que recortar). Caso não saiba com o que representar o seu desejo, escreva-o em uma folha de papel com sua caligrafia legível, da melhor forma possível.

(*Aproveite e faça decretos do 3º Raio Azul ou 9º Raio, à sua escolha.*)

Reserve alguns minutos e medite sobre a situação, ao lado do altar, calmamente sem agitação. Lembre-se de que esses rituais devem ser feitos sozinho, sem você ser perturbado.

Em seguida, coloque o objeto que descreve seu desejo no altar, acenda o incenso primeiro e, por último, as velas. Perceba como o fogo vai sendo consumido e como o cheiro atinge tudo. Em seguida, reúna tudo, agradecendo à Lua por ter concedido a você esse desejo.

Gratidão!

Meditação e Ritual para Pedir Assistência dos 12 Raios no Ano Novo

Você vai precisar de:

- 12 velas coloridas, que irão simbolizar os 12 Raios: azul, amarelo, rosa, branco, verde, rubi, violeta, água-marinha, lavanda, dourado, pêssego alaranjado e opalino (você pode representá-las com 12 velas brancas ou 12 velas douradas, podendo ser seis pratas e seis douradas, representando os aspectos lunares e solares)
- A imagem dos 12 Arcanjos (opcional)
- 1 copo com ¾ de água
- Incenso do seu aroma preferido
- 1 quartzo branco
- Música de fundo (opcional)

Meditação:

Faça uma respiração suave por várias vezes. Visualize se formando uma coluna de luz branca dourada, que desce do céu e se posta à sua frente... Inspire essa luz branca da coluna... Sinta como esse ar puro e radiante percorre e viaja através do seu corpo, fazendo brilhar cada partícula do seu ser... Expire em direção à coluna e inspire novamente várias vezes. Ao fazer isso, você se sentirá mais em paz... Totalmente relaxado... Você inspira luz e expira amor... Cobrindo todo o seu entorno... Visualize-se ali naquele lugar especial que você tem em sua mente, só seu, o seu lugar mágico... Próximo à natureza, percebendo a harmonia existente da terra e seu amor...

Admire, neste momento, um esplendoroso arco-íris brilhante que se desenha nos céus, momento da mais pura magia e esplendor.

Passo a passo, do 1º ao 12º Raio, você percebe que estes raios divinos se materializam um a um em sua frente, estabelecendo, em perfeita sincronicidade, uma ligação, uma conexão com o Divino, com a Hierarquia celeste... Com a espiritualidade, com nossos irmãos maiores...

Assim, se percebe a ligação com os amados Arcanjos dos 12 raios, cada qual com a plenitude de se conectar coração a coração conosco, preenchendo-nos com a potência e as qualidades das divinas luzes celestiais, e nos encontramos em paz infinita.

Todos os atributos dos 12 Raios cósmicos nos preenchem. Tudo é transformado na Luz maior, trazendo tudo a um equilíbrio perfeito, e tudo o que eles tocam faz retornar o aperfeiçoar à ordem... À ordem divina... E percebemos como a energia desses raios se manifestam na Mãe Terra e em tudo o que a habita...

Esta sinfonia de cores estabelece a cura total de nossos corpos, mentes e espíritos, expandindo-se para todos os habitantes deste planeta em ondas, tocando as almas e os corações de todos.

Tudo é possível pelo poder da Divindade manifesta, nos envolvendo e envolvendo, trazendo o melhor para o direcionamento preciso da Consciência Eterna em abundância ilimitada em todos os 12 raios cósmicos em nós vibrando. Um novo florescer neste ano...

Vemos, então, o lindo arco íris que se formou ao nosso redor, como uma cúpula nos envolvendo... Fisicamente... Mentalmente... Emocionalmente... Espiritualmente...

Agora compreendemos quem somos realmente... Parte da Fonte infinita de Luz e Amor Incondicional... Somos banhados por essa maravilhosa Luz e somos protegidos sempre, em cada passo que dermos.

Assim nós decidimos, afirmamos e agradecemos pela oportunidade e pelas graças recebidas.

Para encerrar, visualize novamente o Pilar de Luz a sua frente. Inale algumas vezes, sentindo o refrigério da alma, no corpo físico e em cada célula, átomo e molécula do ser.

Lentamente, abra os olhos, expressando um sorriso leve, gratificante, feliz, alegre e em perfeita paz.

O Ritual:

Uma vez finda a meditação, inicia-se o processo ritualístico, a ser feito no início de cada ano, no primeiro dia, depois do ritual do carma no dia 31 de dezembro.

Pegue cada uma das velas representativas dos 12 Raios Cósmicos, esclarecendo que cada uma pode simbolizar também um dos 12 meses do ano.

Ao acender cada vela, faça uma pequena oração dirigida ao Arcanjo daquele raio, pedindo iluminação para todo e qualquer passo que der, decisão que tomar, e que seja estabelecida uma conexão com Deus Pai/Mãe, permitindo, assim, que haja integração às qualidades da cada raio (devendo dizer quais são essas qualidades, que estão descritas neste livro). Deixe que elas sejam seu direcionamento, norteiem sua existência terrena e possam ser uma comprovação efetiva do seu poder na vida individual, assim como de todos os seres humanos deste planeta Terra.

Isso deve ser feito a cada acender das velas respectivas dos raios, citando o Arcanjo respectivo. Vamos exemplificar o que servirá de molde para os demais:

- **1º passo:** Acenda a primeira vela, no caso azul ou a representativa.
- **2º passo:** Diga: Amado Arcanjo Miguel, Grande Príncipe das Milícias Celestiais, com esta Luz que agora acendo, peço humildemente que ilumine meus passos e minha vida, dando-se a perfeita proteção e aos meus familiares e em tudo que realizar, empunha e ergue tua Flamejante Espada de Luz Safira, para que tudo retorne ao eixo correto e divino e para que eu, (*fale seu nome de batismo*), seja exemplo vivo do Poder Divino sobre a Terra.

Assim seja. Assim é e assim sempre será.
Graças vos damos, bendito Arcanjo Miguel.
Amém! Amém! Amém! Amém!

Rituais para os 12 Meses de Prosperidade e Amor

Ao se iniciar o ano novo, os 12 primeiros dias têm uma grande importância, pois irão definir o que poderá ocorrer nos 12 meses seguintes.

Esses 12 dias têm a representação do ano inteiro, ou seja, o dia 1º de janeiro representa o primeiro mês, janeiro; o dia 2 de janeiro, o segundo mês, fevereiro; e assim por diante até o dia 12.

Quando nós conseguimos e praticamos a bondade, a generosidade e o compartilhamento a cada dia do ano, podemos determinar de forma efetiva a consagração do ano inteiro repleto de amor, prosperidade e abundância infinita.

Podemos assim realizá-los de forma muito simples, objetiva e dentro de toda ordem divina da Grande Irmandade Branca, sempre contando com o auxílio dos amorosos seres que compõem esta Hierarquia Divina.

1º de janeiro – Respirar
(representa o mês de janeiro)

O primeiro passo é concentrar-se na sua respiração. Neste momento, você pode inspirar para dentro do seu ser o que deseja para manifestar e concretizar o seu desejo neste mês de janeiro. A cada inspiração, busque fazê-lo para receber amor, alegria, criatividade, saúde e infinita prosperidade. Enfim, tudo de bom que recordar e, inclusive, a proteção orgânica e para seu ser. Ao inspirar, sinta o ar com as moléculas na cor azul-cobalto.

2 de janeiro – Prática do amor incondicional
(representa o mês de fevereiro)

Este é o momento oportuno para se realizar, de forma espontânea, a prática do amor incondicional, exercendo a amorosidade e a compassividade com você mesmo. Onde encontrar resistência nas áreas de sua vida com referência a isto, aprenda a ter compaixão. É a oportunidade para se indagar: "Hoje como posso, Mestre, ser mais amoroso?". Aguarde a intuição surgir como uma leve voz ou pensamento sutil, lhe revelando, e se entregue a esse sentimento. Sorria, aja com empatia e, de alguma forma, envie para um amigo, familiar ou alguém que lhe venha à mente uma mensagem que alimente o amor incondicional. Mantenha-se assim todo o dia. Visualize a cor amarela o envolvendo com nuances rosas. Pratique este amor oferecendo rosas a quem ama.

3 de janeiro – Renovar
(representa o mês de março)

Como, na primavera, a natureza se renova, use-a para absorver e renovar seu corpo, mente e espírito. Saiba que a Mãe Natureza é como um portal, uma janela que se abre para o mundo divino, onde os quatro elementos, Fogo, Terra, Ar e Água, representam a manifestação física do espírito na matéria.

Pare por algum momento e aprecie esta oportunidade olhando para o céu, percebendo as nuvens, a cor azulada, o Sol, os pássaros que voam, o movimento do vento, ou faça um passeio em algum parque onde tenha muitas árvores. Vá à praia e aprecie o mar e tudo o que contém, ou mesmo a alguma floresta ou mata, cachoeira, queda d'água. Ouça os pássaros cantando em uma sinfonia divina, se comunicando uns com os outros e agradecendo o dom da vida se renovando a cada instante. Perceba a importância da renovação em tudo ao redor e agradeça. Aproveite para manter junto a você uma pedra ou cristal e observe o nascer e o pôr do sol.

4 de janeiro – Perfume
(representa o mês de abril)

O cheiro é o único que vai diretamente para o nosso cérebro. Experimente aromas diferentes para ver como é. A baunilha funciona bem para melhorar o seu humor. A laranja aumenta a sua energia. A camomila ou a alfazema podem acalmá-lo. Jasmim é um afrodisíaco maravilhoso e a rosa é frequentemente associada a abrir o coração.

5 de janeiro – Diversão
(representa o mês de maio)

Muitas vezes, quando nos divertimos, nos sentimos bem, pois nos causa uma alegria imensa. Isso acontece, geralmente, porque deixamos a nossa criança interior, que é brincalhona, surgir, aparecer. Então, por que não podemos, vez ou outra, ir a um parque, nos sentar um pouco no balanço ou andar de bicicleta, curtindo o momento? Ou pegar um brinquedo de encaixe e construir um palácio, um castelo, fazer pinturas com os dedos, se lambuzar com um doce, dançar com músicas infantis e alegres? Este é o momento. Deixe fluir isso neste dia. Sinta-se jovem. Relembre os tempos de criança. Sinta-se uma criança. Alegre-se. Vista-se de verde e com cores vibrantes.

6 de janeiro – Presente
(representa o mês de junho)

Sabemos que o tempo voa, passa num piscar de olhos, mas podemos fazer planos, estabelecer metas, objetivos palpáveis. Portanto, devemos nos concentrar neste dia em uma coisa por vez. Dessa forma, desconecte-se do celular e do computador por apenas cinco minutos a cada hora deste dia, se puder. Respire fundo toda vez que o telefone tocar nesse intervalo ou chegar alguma mensagem. Preste atenção em sua reação e como anda sobre o chão... Ande um passo de cada vez e sinta o seu pisar. Viva agora este presente. Um presente para você. Use um anel com pedra vermelha, tipo rubi, ou coloque alguma flor nessa tonalidade no ambiente em que estiver.

7 de janeiro – Purificação e limpeza
(representa o mês de julho)

Muitas pessoas têm eventos importantes de que participam ou pretendem participar, como congressos, conferências, reuniões, cursos, seminários ou outros quaisquer. Logo, quando chega a data, não se pensa em ir a algum deles com roupa suja ou com odor estranho. Então, por que não se preocupar em limpar o seu campo energético assim como o físico?

Importante fazer uma limpeza de primavera, jogando fora objetos velhos, quebrados e inservíveis que só ocupam espaço e estagnam energia. Faça borrifagem com água e limão pelo escritório ou local de trabalho (se possível). Utilize o banho pela manhã como um verdadeiro ritual de limpeza. Deixe fluir, ir as emoções que não lhe servem mais, removendo, assim, toda e qualquer associação negativa. Pode utilizar essência de jasmim e violeta, e espalhar pelos ambientes.

8 de janeiro – Honra
(representa o mês de agosto)

Uma das coisas mais importantes que temos é nosso corpo físico, que nos permite esta existência na Terra. Assim, ao amar e honrar nosso corpo, podemos lhe proporcionar mais saúde e flexibilidade para toda a existência.

Devemos prestar muita atenção no que ingerimos e colocamos dentro dele, e, principalmente, como necessidade, devemos fazer alongamentos suaves, caminhar levemente em vez de dirigir ou pegar um elevador, e, quando cansar, dar um tempo de descanso, fazendo, inclusive, pequenas pausas durante o dia.

Pense no amor criativo e na chama ardente em seu coração. Use pedra água-marinha ou essências sutis que lembrem o frescor da manhã, do mar ou da natureza. Centre-se.

9 de janeiro – Criatividade
(representa o mês de setembro)

Sabemos que temos uma quantidade enorme de células cerebrais, que pulsam continuamente. Nossos pensamentos não param um momento, muitas vezes sobre questões e problemas do ontem ou do hoje, quaisquer que sejam eles.

Este é o momento de se permitir construir novas células, experimentando algo diferente que possa ser considerado fora do contexto ou que se diz "fora da caixa". Tente. Faça. Crie. Tenha flores cor lavanda, perfume dessa essência ou pedra nessa tonalidade.

10 de janeiro – Sabedoria
(representa o mês de outubro)

Um dos aspectos mais relevantes que podemos buscar é a obtenção da Sabedoria Divina. Assim como o exemplo do rei Salomão. Para tanto, busque ler livros inspiradores, que tragam conhecimento que traduzam Sabedoria. Converse com pessoas anciãs que tenham inata esta qualidade. Um xamã, talvez. Permita-se realizar sua sabedoria interior, bem como prestar muita atenção à intuição. Deixe fluir. Vista-se com roupas em tons dourado ou use alguma joia de ouro.

11 de janeiro – Abundância infinita
(representa o mês de novembro)

Todos os seres humanos buscam, de uma forma ou outra, obter sucesso e arregimentar alguns tesouros, muitas vezes materiais, mas não têm a convicção plena de que conseguirão esta abundância.

Quando você consegue se conectar com o oceano cósmico da abundância infinita e permite que flua sem que interrompa este fluxo, tudo se manifesta na sua vida.

Então, pelo poder do 3x3x3, ou seja, 27 vezes, afirme, firmemente, hoje:

Em nome da minha divina Presença EU SOU e do meu Santo Cristo Pessoal, invoco, do meu corpo causal, que enormes somas de dinheiro fluam para mim de forma acelerada, abundante e sem esforço. Eu, (*fale seu nome de batismo*), estou realmente pleno de amor e prosperidade.

Meus talentos, serviços e produtos que ofereço são sempre uma grande bênção para mim.

Eu creio que isto se manifesta, que se manifesta aqui e agora e para sempre. Amém.

Utilize cor pêssego alaranjado ou tenha algo com essa cor próximo de você, podendo ser pedra, cristal, etc.

12 de janeiro – Gratidão
(representa o mês de dezembro)

Nesta existência terrena, vivemos e aprendemos. Temos alegrias e, muitas vezes, tristezas. Vitórias e derrotas. Sucesso e insucesso. Porém, o mais interessante é que, na maioria das vezes, senão todas elas, não expressamos algo muito simples como o abençoar.

Então, neste dia, agradeça a tudo o que você possui, incluindo seu próprio corpo físico. Mande mensagens de gratidão aos amigos, familiares e pessoas que estima. Expresse este sentimento ao Universo por todas as bênçãos que você possui, que são muitas. Finalmente, expresse sua gratidão ao Deus Pai/Mãe por esta oportunidade de vida.

Use uma pedra de cor opaca ou um anel com essa pedra ou roupa nesse tom.

Estes são os 12 dias de janeiro para que você possa realizar nos demais dias do ano, em todos os meses, sua plenitude, sendo feliz com as bênçãos da Grande Irmandade Branca.

Decreto Afirmativo da Abundância e Prosperidade Infinitas

Utilize as seguintes pedras: citrino, quartzo verde e ametista. Elas devem estar devidamente limpas e energizadas: primeiro, lave-as em água corrente e deixe-as imersas em água com gotas de aromaterapia de eucalipto. Depois, deixe sob o sol por 30 minutos.

Para este trabalho, você precisará de: incenso (ervas ou flores) e um incensário; dois castiçais dourados; duas velas, sendo uma de cor amarela de mel e uma verde; flores de girassóis; músicas do 2º Raio e do 5º raio; uma taça para colocar água; um potinho com um pouco de canela em pó; imagens e fotos dos Mestres Ascensos, Anjos e Arcanjos, de sua preferência; e ofertas de frutas e sucos.

Monte um altar (se não o tiver), colocando os itens citados em uma mesa com toalha dourada. Acenda as velas. Faça o decreto.

Após, poderá utilizar os cristais consigo ou em seus ambientes. E utilize a canela salpicando dentro da carteira, passando nas solas dos pés e no plexo solar, e friccionando em ambas as mãos.

Para finalizar este livro, vamos apresentar um bônus que oferecemos para todos os que estão trabalhando para o processo evolutivo terreno e o seu individual, como verá adiante.

CAPÍTULO XII

Bônus: Iniciação Secreta da Grande Irmandade Branca

Esta é uma das iniciações secretas da Grande Irmandade Branca. O preceito inicial é recordar que você estará conectado com dois mundos: o físico e o espiritual.

1. No mundo material, você deve estar nas condições de viver com retidão, amor verdadeiro e recordação.
2. Estando no mundo material, deve sempre recordar que, no mundo etérico, sempre existirão os irmãos vestidos de branco, os quais irão envolvê-lo e protegê-lo, sabendo que, um dia, você irá fazer parte da formação desta Assembleia espiritual de Amor Divino.
3. Conduza-se sempre por uma vida reta, pois, se você se afastar, perderá a orientação e proteção até que volte novamente ao caminho.
4. Lembre-se de que, quanto maior o conhecimento, maior a responsabilidade. Maior será a dor se usar mal o que lhe é entregue, sendo que somente você decide.
5. Você receberá uma túnica branca, que apenas você saberá o real significado. Sempre lembrará por que a possui e a usa em suas meditações e trabalhos como um símbolo real e verdadeiro de luz e espiritualidade.
6. Recorde-se sempre destas palavras que estão escritas em tinta indelével no livro sagrado, em Apocalipse (2:17): "Ao que vencer eu darei mana (sabedoria) e lhe darei uma pedra branca (túnica branca) e na pedrinha (túnica) um nome escrito (cósmico) que ninguém conhece".
7. Lembre-se de que você receberá uma Luz (vela), que sempre simbolizará a sua luz interior, a Luz que é o símbolo de Deus.

8. Antes, pronunciará a seguinte frase: "Eu juro servir a humanidade em toda minha vida, com o melhor da minha capacidade e de livre vontade, não será motivo de conflito ou sofrimento a ninguém e exaltarei a consciência de paz, fraternidade, unidade e amor. Paz entre todos os seres humanos".

9. Depois disso, se ajoelhará diante de seus demais irmãos e dirá que está a serviço de Deus e da humanidade.

10. Prometerá que não vai usar o poder que receber ao despertar para causar sofrimento e, se ocorrer, pedir a Deus para que seja corrigido, que não seja mais qualquer causa de dor ao mundo, e sim causa de alegria para todos os seus irmãos.

11. E, finalmente, vai jurar não revelar, jamais a ninguém, o seu pertencer à Grande Fraternidade Branca e não revelar os conhecimentos secretos que lhe foram entregues para as pessoas comuns, somente àquelas que se tornarem dignas de recebê-los.

12. Se fizer isso e se mantiver em harmonia e no caminho, sempre será cuidado e protegido e contará com a nossa ajuda.

13. Levante-se e obtenha a Grande Luz Universal, e receba, do centro de Deus e do nosso coração, a nossa Luz, com nosso abraço fraterno e o amor que sentimos por você.

14. Aos sair deste santuário, recorde-se sempre de apagar a vela física e que a sua luz sempre brilha dentro de você, assim seja.

Decreto

Ó, Altíssimo Deus Todo-Poderoso presente em meu coração! Ó, minha Infinita e Resplandecente Chama Trina, ó amado Mestre Saint Germain, Anjos, Arcanjos, Elohim, Querubins e Serafins! Hostes Cósmicas de Luz, protejam este grupo de defensores da liberdade e a minha família. Não permitam que se infiltrem forças sinistras, retirando deles todos os catalisadores da discórdia e da dor.

EU SOU, EU SOU, EU SOU (3x)

EU SOU e quero ser um instrumento permanente de expansão da luz. (3x)

Este decreto deve ser proferido com as frases correspondentes por 21 dias. Sintonize-se enquanto decreta e ajuste a frequência dos médicos espirituais dos planos elevados. Crie mentalmente e mantenha a visualização da nuvem violeta.

Selamento

Selo este trabalho e estas meditações em nome do Pai, da Mãe Divina, do Filho e do Espírito Santo, e selo-me no mais Sagrado Nome de Deus EU SOU O QUE EU SOU.

Assim é. Assim sempre será. Amém! Amém! Amém! Amém!

Invocação Universal

Em nome de todos os povos da Terra,
Unimos nossos corações ao ritmo do Cosmos
E invocamos a grandeza da Força Universal
como um apelo vivo de nossas almas

Ó! Senhor do Amor e da Luz,
Mestre do conhecimento de todos os tempos e lugares,
Venha para unir todas as partes separadas, todos os desejos,
Todos os credos, todas as luzes, todas as vidas!

Nos dê coragem, nos dê força para servir!
Dê-nos paz, dê-nos a força da virtude!
Dá-nos, ó Mestre, o poder da tua palavra,
Para o Reino vir, para sempre, para a Terra!

Afirmamos você como a Vontade do Bem!
Afirmamos você como Amor consagrado!
Nós o afirmamos como Sabedoria Divina!
E nos manifestamos ao mundo como Luz e Verdade!

Todos nós, Senhor, vivemos em vós!

AUM (7x)

Que possamos, dentro de todo o processo evolutivo e consciencial, elevarmos nossos pensamentos aos Céus, externando a mais profunda e irreverente gratidão por tudo o quanto pudermos realizar.

Sejamos uma Unidade Força de Luz, construindo, sobre esta plataforma terrestre, bases de Luz para que, desta forma, com união de propósitos e desígnios mútuos, possamos auxiliar a transformar para melhor esta existência.

Que o Eterno Pai Criador, a Mãe Divina, o Excelso Filho e o Sagrado Espírito Santo Shekinah abençoem a todos nós.

Selah!

Amém! Amém! Amém! Amém!

Explicação Importantíssima sobre as Promessas e os Juramentos Feitos

Amados abençoados em todos os lugares, que desejam Luz de Deus e sua libertação eterna nessa Luz! Tenham em conta sempre que Deus nunca os atará e que não há ser humano que tenha o direito de fazê-lo ou o poder de fazê-lo, a menos que você permita. Portanto, se você fez promessas e juramentos em várias atividades nos últimos anos, antes de tomar consciência desta Magna Presença EU SOU e dos Mestres Ascensos, invoquem sua Presença em ação para que cortem e os libertem de tudo o que pode prendê-los, limitá-los ou pretender retê-los em suas garras a qualquer preço.

Todas essas atividades nada mais são do que a escravidão do medo, a ponto de mantê-los sujeitos, porque o medo é a arma da força sinistra. Uma vez que se conscientizarem de sua Grande Presença EU SOU, descobrem que não há nada neste Universo a temer, nem que possa os manter presos ou perturbados... A menos que vocês aceitem! Se vocês aceitarem, então.

Este Grande Ensinamento do EU SOU dos Mestres Ascensos veio a partir da Oitava Luz acima da Terra, para nos libertar; e não há pessoa, lugar, condição ou coisa que possa nos atar ou limitar, sempre que assumirmos nossa postura na Luz com a Magna Presença EU SOU.

É por esse motivo que estimulo você a ousar ser livre no pleno uso consciente de todo o Poder do Amor e da Luz que vem desde sua Presença e dos Mestres Ascensos, sabendo que Deus, a Magna Presença EU SOU em você, é a sua vitória certa. Não há nada na atividade do mundo que possa vinculá-los ou perturbá-los de alguma forma, a menos que tenham medo. Se tiverem medo, não estão amando a Deus, a Fonte e o suprimento de sua vida, que é a Magna Presença EU SOU.

Se você invocar sua Presença em ação para aniquilar todo medo e limitação de todos os tipos, em você e em vosso mundo, e dissolvendo sua causa e efeito, descobrirá que pode, rapidamente, se levantar e deixar todos os sentimentos de medo e manifestar a Vitória da Luz de Deus dentro de você.

Muitas escolas ocultistas e atividades do passado utilizavam juramentos durante vários ciclos anteriores, mas isso causava tanto medo nas pessoas que a força sinistra enterrou, assim, suas garras nelas. Naquela época, a Grande Lei Cósmica não permitia que esse conhecimento do EU SOU fosse compartilhado fora dos retiros. Desde a dispensação da Luz Cósmica, que tocou a Terra desde 1929 em várias ondas – muitas das quais estarão chegando em breve –, é necessário oferecer às pessoas, em todos os lugares, a oportunidade *agora* de erguer suas mãos para cima e para baixo desde a oitava Mestres Ascendidos... É devido à Grande Lei Cósmica que as antigas atividades ocultas do século passado foram permanentemente separadas da Terra.

Isso envolve mais do que você pode compreender hoje, e não importa o que qualquer ser humano (ou todos) possa pensar a respeito. A Grande Lei Cósmica não pede permissão aos seres humanos para operar um sistema solar. Temos ensinado a você e ao mundo inteiro a Grande Verdade dos Mestres Ascensos e contamos com seu pleno poder e autoridade, apoiando tudo o que dissemos.

Portanto, aquele que conhece sua Magna Presença EU SOU e se atreve a viver nela, estará livre em seu ser e mundo para sempre. Meus abençoados em todos os lugares, que lutam nas atividades externas do mundo, ousem tomar sua libertação nesta Magna Luz da Magna Presença EU SOU, a qual os Mestres Ascensos lhes oferecem com tanto amor, com tanta bondade, tão livremente para sua aceitação! Tomem sua libertação dessa Luz, meus preciosos, e manifestem a felicidade que é seu direito de nascença para sempre!

A vida não os limita! O amor não os limita! A energia não os limita! A substância não os limita! Então, por que permitir que a consciência de alguém os limite de alguma forma, por meio de juramentos ou algo semelhante? Vocês têm livre-arbítrio! É necessário que o usem! Uma vez que eles expressem a vontade de permanecer 100% com sua Magna Presença EU SOU e harmonizem seus sentimentos, serão livres! Ousem ser livres! Ousem ser fortes! Ousem ser divinos e, então, manifestem em todo seu ser e mundo! Vocês são a única autoridade em seu mundo para sempre! Lembrem-se disto sempre.

A Cruz de Malta

Uma bênção pessoal e planetária. Para mitigar os cataclismos e a guerra nuclear.

Onde quer que dois ou três se reúnam em nome do Mestre Hierarca desta era, em qualquer cidade ou casa neste planeta, ali será formada a cruz de malta. Basta a intenção de fazer o trabalho. Nesse momento, então, sacerdotes da Ordem de Melquisedeque e anjos do fogo violeta preenchem o contorno. Porém, sem o chamado, os decretos à Chama Violeta, o contorno se desintegra.

Os decretos e invocações devem ser ouvidos e ocorrer a cada 24 horas (como, na verdade, também todos os demais), pelo menos uma vez ao dia, no horário em que foram realizados primeira vez.

Com a utilização de decretos, invocações, chamamentos e comandos, pode ser eliminado muito do carma de cada um, como também do próprio planeta, evitando muita miséria no futuro.

Significa, então, que não se pode ficar sentado na lateral, a observar apenas, e tão somente que se passem as décadas como mero espectador de um evento esportivo. Temos que nos engajar no jogo da vida, mas também estar conscientes de que temos esta oportunidade de trabalhar com o 7º Raio, para sair deste confronto que está em andamento (Armagedom) e sair vencedores da batalha entre bem e mal, luz e trevas.

Este trabalho da Cruz de Malta é um dos que podem ser realizados, mas é importante saber o porquê, os motivos. Tem que haver um senso de determinação de quem deseja tê-la sobre seu campo de força (a desintegrar todos os conceitos negativos pela sua proteção), seu lar, seu local de estudos e orações, e dar sustentação a ela.

Acrescentando, cada uma das quatro partes da Cruz conecta-se com as linhas do Relógio Cósmico[53] (12, 3, 6 e 9). Significa, resumidamente, que, estando nestas linhas e fazendo o relógio girar, é como sustentar uma roda de fogos de artifício de fogo violeta que agem imediatamente.

> Decretos, meditações e invocações canalizados por Valdivíah Lâtare e Márcos Latàre, Sacerdotes da Crisostelar, Escola de Mistérios Sagrados da Grande Fraternidade Branca.
>
> E-mail para contato com os autores: central@crisostelar.com.br

---

53. Para outras informações: LÂTARE, Valdiviáh, G. S. *O Poder dos 12 Raios Cósmicos e Seu Triângulo de Missão*. 3. ed. São Paulo: Alfabeto, 2017.

Glossário de Alguns Termos

Adam Kadmon: 1. Arquétipo para toda a humanidade. Na cabala, o arquétipo divino do homem e da mulher é conhecido como Adam Kadmon, literalmente, "homem pimordial". Os cabalistas o descrevem como "o modelo velado da própria divindade". 2. Adam Kadmon é andrógino; nele, as forças masculina e feminina estão em completa harmonia e equilíbrio. Ele é imagem primordial e semelhança de Deus, na qual fomos feitos.

Antakharana: Palavra que, em sânscrito, significa "órgão do sentido interno". A teia da vida. A rede de Luz que abarba espírito e matéria, conectando e sensibilizando toda a criação dentro de si mesma e ao coração de Deus.

Deus/Deusa: 1. Denota um ser cósmico que tem a estria da consciência de Deus num ou mais raios e no serviço que ele ou ela presta. 2. Não se referem aos "deuses e deusas da mitologia", mas sim aos Deuses e Deusas que são os precursores da vossa própria Realidade Divina, que alcançaremos depois da nossa ascensão nesta vida.

Maximus: Conforme Seraphis Bey explica, ele manifesta a fórmula matemática da Grande Pirâmide. Quando se medita sobre a fórmula dessa pirâmide dentro do coração de Deus, descobre-a dentro do Grande Corpo Causal de Maximus. Maximizar a luz da Mãe dentro de nós, que é o significado de seu próprio nome.

Senhores do Carma: Servem no Conselho Cósmico que dispensa Justiça a este sistema de mundos, adjudicando carma, misericórdia e julgamento relacionados a cada corrente de vida. Todas as almas passam diante do Conselho do Carma antes e depois de cada encarnação na Terra, para antecipadamente receber sua missão e paralela cármica para cada vida e, no final desta, a análise de seu desempenho.

Senda do Amor Ardente: É o Fogo Sagrado todo consumido de Deus. Consome até mesmo a força do antiamor, o mal absoluto de anjos réprobos contra a Divindade, pois o Amor Divino vai além do amor – ele é o poder e a sabedoria contidas no um – e depois em alguns... O amor é a força cósmica invencível.

Shiva: Conhecido como o Senhor da Dança. A escritora hindu, Shiva-Purana, dá 1.008 nomes para esta divindade. Na sua pose de Nataraja, Shiva executa a sua incrível dança Tandava, a dança da criação e destruição. A dança de Nataraja, os seus gestos e adornos são todos da mestria das energias da vida. Em um nível cósmico, sua dança representa o Universo se movendo dinâmica e ritmicamente.

Verdade: 1. O poder interior da conversão dentro do Templo do ser de cada um. É a força libertadora do universo físico que liberta, de fato, as almas de Luz de todas as trevas que conspurcaram suas vestes. 2. É extremamente prática. Ela é engenharia. É geometria. Ela é matemática. Ela é projeto e engenharia. Ela é arte. Ela é arte culinária, alimento, vida e construção do abrigo para a família de cada um como o domicílio da escolha da pessoa. A verdade é tudo e sem ela não há manifestação física da centelha divina (Chama Trina) 3. A verdade é o raio verde-esmeralda. Compõe-se do 1º Raio da Vontade de Deus e do 2º Raio da Iluminação do Cristo Cósmico. Ela é, portanto, a vontade de Deus empenhada na ação iluminada.

OUTROS LIVROS DA EDITORA ALFABETO

Doriana Tamburini

Seres de Luz e os
12 Raios *da*
Grande Fraternidade Branca

ALFABETO

OUTROS LIVROS DA EDITORA ALFABETO

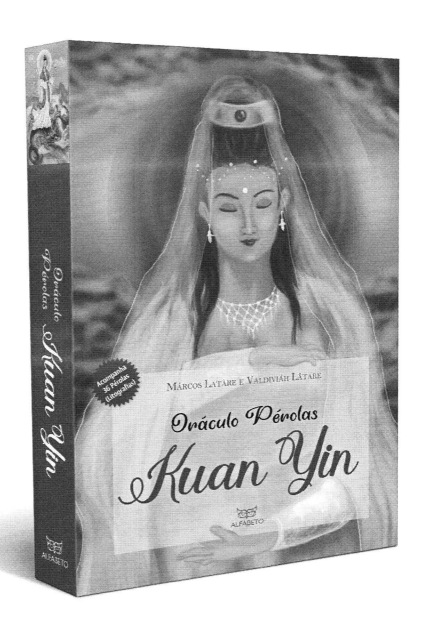

OUTROS LIVROS DA EDITORA ALFABETO

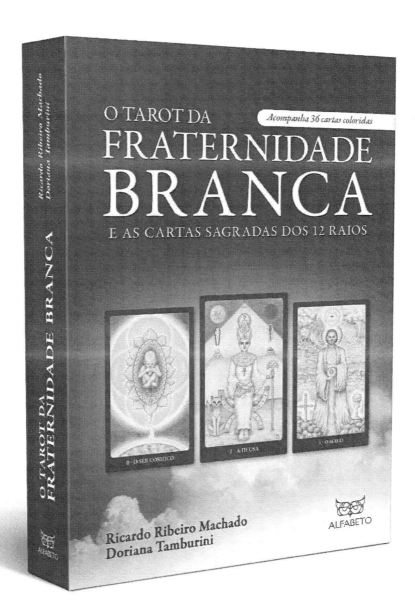

OUTROS LIVROS DA EDITORA ALFABETO